AF279862

Ein anderer Ort zum Träumen

Gedichte

Heiko M. Kosow, Beate Ostoiki,
Sergio Leone u.v.a.

Dorante Edition

Ein Traum ...

Ein Traum, ein Traum ist unser Leben
Auf Erden hier.
Wie Schatten auf den Wogen schweben
Und schwinden wir
Und messen unsre trägen Tritte
Nach Raum und Zeit;
Und sind (und wissen's nicht) in Mitte
Der Ewigkeit.

Johann Gottfried Herder

aus „Amor und Psyche auf einem Grabmal"

Ein anderer Ort zum Träumen

Gedichte

Heiko M. Kosow, Beate Ostoiki,
Sergio Leone u.v.a.

Bibliografische Information durch die Deutsche Nationalbibliothek: Die
Deutsche Nationalbibliothek verzeichnet diese Publikation in der Deut-
schen Nationalbibliografie; detaillierte bibliografische
Daten sind im Internet über http://dnb.d-nb.de abrufbar.

herausgegeben durch das Literaturpodium, Dorante Edition
Berlin 2016, www.literaturpodium.de
ISBN 9783837053821

Foto auf der Vorderseite: Marko Ferst

Herstellung und Verlag: BoD – Books on Demand, Norderstedt

Christa Ehre-Schulz

Warum die Weihnacht

Es schneit wie schon lang nicht mehr,
man hört die Kinder rufen.
Die Menschen tragen Pakete schwer,
hinauf in ihre warmen Stuben.

Dort ist es hell vom Kerzenschein,
man freut sich auf diese Zeit.
Dann kommen alle Groß und Klein,
zum Essen, zum Backen, zur Gemütlichkeit.

Doch was ist mit dir, wo willst du hin,
hektisch ist dein Treiben.
Erkennst du nicht den wahren Sinn,
von den vor weihnachtlichen Zeiten?

Backen sollst du, Basteln am Tisch,
mit deinen Liebsten viele bunte Sterne.
Ach ja, der Sinn, ganz sicherlich,
daran erinner ich mich doch gerne.

Wir fassen uns an den Händen,
singen unter dem festlichen Baum.
Kannst das Blatt noch wenden,
dann leben wir den Weihnachtstraum.

Christa Ehre-Schulz

Nicht mehr da

Sie kam zu uns als kleines Wesen,
mit schwarzweiß Fleck an ihrer Brust.
Ein Katzenkind ist sie gewesen,
so klein wie eine Lyonerwurst.

Täglich strich sie um unsere Beine,
fressen hat sie nur im Sinn.
Schnurren, Fauchen konnt die Kleine,
bis im Napf lecker Futter drin.

Alt ist sie bei uns geworden,
mit Hund und Kind erwachsen.
Jetzt machen wir uns große Sorgen,
will sie nicht mehr erwachen.

Im Garten liegt sie nun begraben,
unter ihrem Sonnenplatz.
Sie fehlt uns sehr in diesen Tagen,
war doch unsere Schmusekatz.

Helmut Glatz

Herbstimpression

Ich habe es gehört, das Rauschen in den Halmen,
den Vogelsang im Schilf. Nun ist es abgemäht.
Die Tiere kommen lärmend von den Almen,
und abends wird der Himmel zugenäht.

Ich habe sie gesehn, die Edelsteine
auf Gräserspitzen, hell im Sonnenschein.
Nun rührt der dürre Mais seine Gebeine,
der Herbstwind fährt die alten Farben ein.

Wo ist er hin, der Duft der tausend Blüten?
Die Hügel sind von dunklem Rauch umweht,
wo Hirten ihre rosa Schafe hüten,
und abends groß der Bär am Himmel steht.

Luise Eichelbaum

Mein lieber Bankberater

Ich habe dich gefunden heut,
ich hatte dich schon lang gesucht,
drum habe ich mich auch sehr gefreut,
hab viel zu lang schon dich verflucht.

Wir trafen uns in einer Bank,
ich nahm mein Geld, hab`s investiert
und sprach dir aus den tiefsten Dank,
die Aktie war`s, „die nie verliert".

Du zeigtest mir all die Tabellen,
hast Diagramme aufgestellt,
im Grunde tat dies nichts erhellen,
das Bankgeschäft ist deine Welt!

Du hast dann schließlich angeregt,
dass Immobilien führ`n zu Glück.
Ich hab das Geld so angelegt,
vielleicht krieg ich es einst zurück.

Natürlich abzüglich der Steuer,
wenn die feste Laufzeit endet.
Auch Bankgebühren sind recht teuer
und das Grundstück schon gepfändet.

Ich möchte das nun mit dir besprechen.
Keine Angst, du brauchst nicht türmen,
ich werd dir auch bestimmt nichts brechen.
Das tun meine Inkassofirmen.

Luise Eichelbaum

Ruhe

Alles geht einmal vorbei,
man muss es einfach gehen lassen,
mach dich von Gedanken frei,
jeder Zorn wird dann verblassen.

Genieße das, was du schon hast
und erwarte niemals mehr.
Wenn nur ein Teil zum and`ren passt,
ist das Leben halb so schwer.

Lauf nicht weiter, bleibe steh`n,
zulange bist du schon gerannt.
Nimm dir Zeit und du wirst seh`n
was aus dem Blick bislang verbannt.

Lass dich seelig einfach sinken,
denn der Boden ist nicht hart.
Wer will in Sorgen schon ertrinken
und glaubt noch an die Gegenwart?

Du musst nur die Augen schließen,
schau in deiner Seele Bild.
Wenn Träume ineinander fließen,
siehst du das, was dir nur gilt.

Alles scheint in neuem Licht
und eine Melodie erklingt.
Woher sie kommt, das sieht man nicht,
weil sie aus deinem Herzen dringt.

Wenn dir der neue Tag erwacht,
wirst du die Dinge klarer seh`n.
Das Leben auch mal für dich lacht,
man muss es einfach nur versteh`n.

Elisabeth Affani

Halloween

Kirchenglocken läuten
„Süßes oder Saures!"
am Reformationstag
Jungen in angedeutetem Kostüm
strömen nur wenige
betteln um Gaumenfreuden
zum Gottesdienst
ein weltliches Abendmahl
hören die Predigt
mit klingender Münze
von verderbender Werbung
ziehen sie glücklich davon
ein feste Burg ist unser Gott

Elisabeth Affani

Flachbildschirmgehirn

Lahm gelegte Gehirnzellen,
schwach gesessene Muskeln;
asoziales Geschwätz am Monitor,
kaltes Grinsen zum Partner;
hastiges Klicken und Fingerschnellen,
quietschender Bürostuhl -
Teereste lebend grün im Becher,
Kekskrümel zwischen den Funktionstasten;
nein, ich kann jetzt nicht -
wir haben die Jugend, die wir verdienen.

Elisabeth Affani

Im Anderen das Ich

Was ist es, was uns treibt,
wenn wir uns selbst und andere verletzen?
Warum nur wollen wir
nie uns, nur andere ins Unrecht setzen?
Was ist es, was uns bleibt,
wenn wir allein uns stark und sicher wähnen?
Im Anderen das Ich
erkennen wir nur unter Tränen.

Elisabeth Affani

Nur Schein

Meine bunten Träume nehmt mir nicht
Mein weißes Haus reißt nicht zusammen
Heut oder morgen werdet ihr erkennen
Alles ist Scheintraum Welttraum gewesen

Meine schwarzen Blumen lasst sie blühen
Meine Rauschgedichte seht und vergesst
Was immer in Illusion geschaffen
Seht es, verdammt es nicht gleich

Wo sind eure Träume eure Paläste
Habt ihr herrlichen Schein erdacht
Seht und genießt ein großes Gefühl
Ich will nicht traumlos untergehen

Diana Emler

Fernsehwahnsinn

An was ich mich störe?
An der Gewalt aus der Röhre.
Viel sinnloses Gerede und Streit,
Mord, Totschlag und Uneinigkeit.
Pädagogischer Schwachsinn! Total daneben!
So kommt der Horror in's wahre Leben.
Ideen, Anregungen und Know-how
zeigt mir alles das TV.
Seifenoper, Liebesdrama und Satire
bewirken dass ich den Bezug zur Realität verliere.
Science-Fiktion, Aktion und Thriller
machen mich zum Killer.
Die Medien berieseln mich konsequent
Und machen ganz behend
mich zur Hauptdarstellerin
als labile Dramaqueen.

Udo Wellhausen

Abschied

Ist´s schon so weit,
ist vorbei meine Zeit?
Lasst mich noch einmal
schauen in das grüne Tal,
dass das Bild, das schöne,
auf die Reise ich mitnehme.
Sehe Blumen, Bäche, Berge,
des Schöpfers wunderbare Werke.

Seh´ in Trauer meine Lieben,
die mir bis zuletzt geblieben.
Habe keine andre Wahl.
Drück´ die Hände ein letztes Mal.

Winke Land und Leuten zu,
fahre nun der Heimat zu.
Hatte schon vergessen fast,
bin auf Erden nur zu Gast.

Udo Wellhausen

Treibholz

Abendstille.
Nachglüht die Luft vom Tage,
nur ein kühler Hauch vom Fluss her,
der träge dahin fließt
wie manches Leben.
Ein Stück Holz,
losgelöst von allem,
treibt lautlos dahin.
Aus dem Dunkeln kommend,
treibt es der Dämmerung zu.

Udo Wellhausen

Traum 1987

Inmitten von Willkür und ummauertem Raum
heb den Blick ich gen Himmel und träum meinen Traum:

Ich wollt', ich wär' eine Wolke
und Ostwind müsste wehen,
was verboten ist dem Volke
könnt von oben ich besehen.

All die deutschen Städte,
die Alpen und den Rhein
und wenn der Wind aushielte:
Paris auch an der Seine.

Oh Wolken ihr da droben,
nehmt meine Träume mit.
Was zu fein gewoben,
das Leben meist zertritt.

Vielleicht bricht eines Tages
die Mauer doch entzwei.
Niemand heute sagt es,
doch ein Traum ist frei.

Das Leben, das erfüllet große Wünsche kaum.
Deshalb verzeihet, es war ja nur ein Traum.

Udo Wellhausen

Alter Mann

Ein alter Mann schaut ein Mädchen an,
irgendwo und irgendwann.

Der Anblick lässt ihn gar nicht kalt,
umfasst mit Blicken die Gestalt.

„Was der nur will", das Mädchen denkt
und verlegen ihre Augen senkt.

Der alte Mann starrt unverwandt,
sieht in eine Nebelwand,

aus der ein hübsches Mädchen stieg,
das er hatte einst so lieb.

Sah in seine Jugendzeit,
sah die Freude, sah das Leid.

Verlor sich in Erinnerung,
als er selbst noch war so jung.

Ach, wie rasch verging die Zeit,
bis zum Ende ist's nicht weit.

Schreckte auf aus Jugendtraum,
kehrt zurück in Zeit und Raum.

„Ach, Verzeihung", er dann spricht.
„Ich sah sie an und sah sie nicht.

Ich sah die Jugendzeit, die schöne,
und hörte altbekannte Töne,

wenn auch nur für Augenblicke lang.
Dafür sag ich Ihnen vielen Dank."

Udo Wellhausen

Wagen 9

Ein Bahnexpress im Sachsenland,
der rollte, wenn er nicht gerade stand,
tagein tagaus die gleichen Wege,
als ob's auf dieser Welt nichts andres gäbe.

Die Strecke, die war durchaus schön
mit Bergen, Wald und großen Seen.
Stets war es ein Vergnügen,
durch die schöne Sachsenwelt zu fliegen.

Doch gab es da den Wagen Neun.
Der konnte sich nicht recht erfreuen
an Bergen, Wald und Seen.
Der wollte eigene Wege gehen.

Eines schönen Tages dann
– der neunte war als letzter dran –
Schluss! Nicht länger stets das Gleiche,
ich haue ab bei der nächsten Weiche.

Die Weiche kam, er riss sich los
und fuhr allein, die Freud' war groß.
Doch war sie nicht von langer Dauer.
Dem Wagen überrann ein eis'ger Schauer

als er den Prellbock sah am andern End.
Es kam das, was man Schicksal nennt.
Vom Wagen Neun da blieb ein Rest,
den man einem Bauern lässt.

Der macht daraus 'nen Hühnerstall.
Es gibt wohl keinen größeren Fall!
Kein Fahrtwind mehr, kein Weichenknattern,
nur Mistgeruch und Hühnergackern.

Zuweilen hört man's klagen,
denn es sehnte sich der alte Wagen
nach früheren schönen Tagen,
nach den Bergen, Wald und Seen.

So kann's gehen.

Udo Wellhausen

Schwarze Ruhe

Langgestreckt
löst sich die Spannung
in den halbdunklen Raum.

Tagsorgen,
entschwindend,
regen dich kaum.

Stille,
schwarze Ruhe
bereiten den Traum.

Heiko M. Kosow

In der Schwebe

Allein an des Roten Meeres Rand,
im Land der Pharaonen,
steh' ich an unbekanntem Strand.
Wird sich die Zeit hier lohnen?

Geflohen vor dunklen Wintertagen,
mein Gemüt von Einheitsgrau erfasst,
dass schwere Gedanken mich plagen,
wie wird die Zeit von mir gehasst.

Ich bin immer wieder auf der Flucht,
zur Wärme und zur klaren Sonne.
Eine Rettung wird von mir gesucht.
Helligkeit und wohlige Wonne.

Ich musste in die Wüste fliegen,
in das entfernte Afrika.
Um meine Schwermut zu besiegen,
nun liege ich für Wochen da.

Heiko M. Kosow

Kindheitserinnerungen

Heut' den Weihnachtsbaum erstanden.
Es dauerte, bis wir ihn fanden.
Erinnerungen sind gekommen,
die machten mich wieder beklommen.

Wie in meinen Kindertagen.
Immer das gleiche lange Warten.
Wünsche, die einen so plagen.
Jedes Jahr, derselbe Braten.

Bescherung unterm Baum,
kaum konnt' ich's ertragen.
Kerzenlicht erfüllt den Raum,
Erwartungen und Fragen.

Kann meine Päckchen nun erkennen,
mit flinken Händen ausgepackt.
Muss aus dankbarer Freude flennen.
Verpackungen sind vertrackt.

Zum Schluss dann wieder,
gemeinsam im Familienkreis.
Immer die gleichen Lieder.
Nicht jeder alle Zeilen weiß.

Heiko M. Kosow

Kleiner Spross

Hervorgegangen aus den Sporen,
die in der Wintererde ruhten.
Sie erschienen mir verloren,
freue mich, dass sie sich sputen.

Viele frische spitze Sprossen,
in erstaunlich großer Menge.
In allen Größen aufgeschossen,
sieht es aus wie im Gedränge.

Dunkelgrün emporgereckt,
noch aufgerollt an ihrer Spitze,
wirken sie wie aufgeschreckt,
wartend auf des Frühlings Hitze.

Fächerblätter wir erhoffen,
wenn sie ausgebreitet sind.
Werden sie dann angetroffen,
manches Tier dort Schatten find.

Hinten in der Gartenecke,
nach den ersten warmen Tagen.
Neue Farne ich entdecke,
die Entfaltung sie nun wagen.

Heiko M. Kosow

Lichtverlust

An den trostlos kahlen Bäumen,
die allerletzten braunen Blätter.
Sonnen-Sehnsucht lässt mich träumen,
bei miesestem Dezemberwetter.

Vom November bis zum Februar
quält mich starker Lichtverlust.
Wie es schon früher immer war,
Beklemmung in Kopf und Brust

Licht ist es, das man braucht zum Leben,
nichts sonst kann diese Kraft uns geben.
Zum Lichte der Sonne muss ich streben,
trink' sonst zu viel vom Saft der Reben.

Möchte wieder in die Sonne fahren,
den Winter ließe ich so gern zurück.
Mir am Liebsten wären die Kanaren,
die wären für mich ein großes Glück.

Ich kenne einen schönen Trost:
Mit dir zu sprechen, dir zu lauschen,
wenn draußen herrschen Schnee und Frost,
mit dir Gedanken auszutauschen.

Heiko M. Kosow

Maienzeit

Nun ist sie da die Maienzeit
Erste Blätter wieder sprießen
Die frühen Blumen sind soweit
Duft und Farben wir genießen

Vorbei ist die Walpurgisnacht
Jetzt geht's hinaus in die Natur
Von ferne uns ein Maibaum lacht
Wir radeln auf des Frühlingsspur

Manch junges Herz ist aufgerührt
Spürt ein Sehnen und Verlangen
Von tiefen Blicken nun berührt
Fühlt es Hoffen und ein Bangen

Wird die Liebe mich erreichen
Die ich schon lange in mir spür
Voll Ungeduld erwart ich Zeichen
Für unser allererstes Wir

Heiko M. Kosow

Mein Sommer-Trost

Der Sommer der keiner war
der hat mich sehr verdrossen.
Ich war dir so gerne nah
und habe dich genossen.

Es gab in diesen Tagen,
viele Stunden voll mit Regen.
Ich möchte dir gerne sagen:
Deine Nähe war ein Segen.

Dieser letzte Sommertag
ist gefüllt mit den Strahlen der Sonne.
Weil ich dich so gerne mag,
denke ich an dich mit großer Wonne.

Feucht war der Sommer, ziemlich kalt.
Du warst zwar einsam, aber nicht allein.
Freu' dich sehr, wir sehen uns bald,
wollt' immer nur mit dir zusammen sein.

Jetzt hoffe ich auf ein neues Jahr,
es wird sicher wieder besser.
Für mich bist du einfach wunderbar,
vielleicht werde ich noch kesser …

Heiko M. Kosow

Mich macht zornig

Wenn Soldaten um des lieben Friedens willen,
unschuldige Frauen und Kinder killen.

Wenn Staaten behaupten das ihre Atomwaffen,
nur dazu dienen, Frieden zu schaffen.

Wenn wir Lebensmittel aus Profitgier verderben,
woran dann viele Menschen sterben.

Wenn Staaten wanken,
wegen des Profits von Banken.

Wenn immer mehr Menschen in Armut leben,
weil wir nicht genug teilen oder geben.

Wenn wir Menschen dazu zwingen,
ihr Leben fern ihrer Heimat zu verbringen.

Wenn wir unseren Kindern so etwas vererben,
wie das Wald- und das Meeressterben.

Wenn wir die Luft verschmutzen,
ohne den geringsten Nutzen.

Wenn an den Polen seit Jahren schmilzt das Eis,
und wir nichts dagegen tun, wie jeder weiß.

Wenn wir diese Welt sinnlos verprassen,
wofür uns später unsere Enkel hassen.

Heiko M. Kosow

Sommerabend

Von Hitze ist der Tag nun befreit,
seitdem die Sonne blutrot versank.
Zum Empfang der Nacht bin ich bereit,
erwartungsvoll auf der Gartenbank.

Amseln flöten ihr trauriges Abendlied,
Nachtkerzen sich entfalten, sie erwachen.
Blüten des Tages still nehmen sie Abschied,
um dann morgen, bestimmt wieder zu lachen.

Dämmerung nach und nach alles durchdringt,
klare Konturen langsam verschwinden.
Auch der letzte Vogel nun nicht mehr singt.
Die Fledermäuse jetzt Nahrung finden.

Ein einsamer Glühwurm schwebt an mir vorbei,
während sanfte Nachtluft die Sträucher durchströmt.
Verspüre sie, wie deine Hände im Mai,
als würde ich zärtlich, von ihr auch verwöhnt.

Heiko M. Kosow

Sommergefühle

Den Blumenduft, den kennst du schon,
sicher ist er dir bewusst.
Es ist wie Rausch vom roten Mohn,
bestimmend meine Lust.

Bitte sei nicht so erschreckt,
wenn mein stiller Blick zum Mond,
in mir eine Sehnsucht weckt,
die auch sicher in dir wohnt.

Den Wunsch, dir dann ganz nah' zu sein,
in mancher schönen, lauen Sommernacht,
hab' ich bestimmt nicht nur allein,
er hat auch dich schon, um den Schlaf gebracht.

Es ist ein großes Glück,
deine Nähe inniglich zu spüren.
Es ist dein tiefer Blick,
wenn sich unsere Hände zart berühren.

Eine wunderbare Gemeinsamkeit,
wie die von Ufer und Fluss
Überwindung unserer Einsamkeit,
im gemeinsamen Genuss.

Meine stillen Stunden mit dir
sind für mich ein wunderbares Erleben.
Ich hab' das sichere Gespür,
für uns wird es noch viele Sommer geben.

Heiko M. Kosow

Sommerträume

Bewegte Schatten sommergrüner Bäume,
ich gehe ganz still an deiner schönen Seite.
In uns keimen ersehnte Sommerträume,
hervorgebracht von unserer Herzen Weite.

Wir genießen unsere Nähe,
schauen immer tiefer uns an.
Deine Gedanken ich gern sähe,
wünschst du dir, ich wäre dein Mann?

Vielleicht wartest du auf die Frage,
an die zu denken, du kaum wagst.
Die ich schon lange in mir trage,
die du mit deinen Augen fragst.

Wird dieser Sommer uns erfüllen,
was wir immer herbei gesehnt?
Wird er unsere Sehnsucht stillen,
werden von Liebe wir verwöhnt.

Nach des Liebesfrühlings wilder Zeiten,
sind wir uns jetzt so nah wie nie zuvor.
Uns zeigte die Liebe neue Seiten,
viel Überraschendes kam da empor.

Heiko M. Kosow

Vollgetankt

Die Vielfalt der grünen Blätter
ist bestimmend für meinen Blick.
Wohlig, warmes Sommerwetter
bestimmt den Sommer-Moden-Chic.

Der Wind bestreicht den See ganz zart.
Die Segelboote gleiten kaum.
Sehr langsam nur ist ihre Fahrt.
Ein Bild wie in 'nem schönen Traum.

Wenn ich meine müden Augen schließe,
und die Sommersonne mich durchwärmt.
Wenn ich deine Zärtlichkeit genieße,
bin von Schmetterlingen ich umschwärmt.

Erinnerung für dunkle Wintertage,
wenn Kraft und Seelenstärke mich verlassen.
Weil ich ohne Sonnenlicht so verzage,
werde die Dunkelheit ich wieder hassen.

Mit der getankten Sommer-Energie,
aus unseren schönen Tagen am See.
Ich dann die große Hoffnung wieder zieh,
dass ich leichter ertrag die Zeit im Schnee.

Heiko M. Kosow

Von oben

Wenn ich schaue über die Getreidefelder,
kommt Erinnerung an ihr zartes Frühlingsgrün.
Schimmernd legte es sich auch über die Wälder,
da schwante mir die Ahnung, der Sommer wird schön.

Als grüner Teppich begann das Korn zu sprießen,
die Felder waren erfüllt von Hoffnung und Kraft.
Nun kann ich das Ende des Wachstums genießen,
mit seiner Reife hat es das Korn nun geschafft.

Die Halme in Wellen vom Winde sich wiegen,
durch und durch von rotem Mohn sind diese verziert.
Blaue Kornblumen sanft mit ihnen sich biegen,
mein Blick sich über wogenden Feldern verliert.

In wenigen Tagen wird der Roggen gemäht,
dann bestimmen die goldgelben Stoppeln das Bild.
Bis alles unter Pflüge und Eggen gerät,
geschützt wird die Saat vom sicheren Winterschild.

In den bald kommenden dunklen Wintertagen
finden diese Sommerbilder wieder zurück.
Ein Bussard hoch oben vom Aufwind getragen,
Blüten und Vogelgesang ergänzten mein Glück.

Heiko M. Kosow

Vorweihnachtszeit

Es ist wieder soweit,
Konsum regiert die Zeit,
Trubel weit und breit,
es ist Weihnachtszeit.

Keine Zeit des Sehnens und der Stille!
Die im Leben man so braucht.
Es wär' mein Wunsch und mein Wille!
Ein Kindheitstraum, der längst verraucht!

Jesus Christus wurde geboren,
die Erinnerung ging verloren.
Weigere mich, mitzumachen,
zum Fest, keine neuen Sachen.

Lieber bin ich dir ganz nah,
du machst die dunklen Tage klar.
Die Zeit mit Dir wunderbar.
Erfüllung, wie beim Bethlehem-Paar?

Geburt als Quelle des Lebens,
Weihnachten uns daran erinnert,
Unser Hoffen ist nicht vergebens,
eine Erwartung in uns schimmert.

Heiko M. Kosow

Wintersonnenwende

Jetzt ist die Zeit der dunklen Tage,
späte helle, frühe dunkle Stunden,
das Überwintern wird zur Plage,
Bin vom Lichtverlust vollauf geschunden.

Jedes Jahr dieser Kampf um das Überleben.
Jedes Jahr wird diese Winterzeit zur Qual.
Jedes Jahr versuche ich, alles zu geben.
Jedes Jahr bleibt mir keine andere Wahl.

Die Wintersonnenwende wird wie ein Fest,
voll Ungeduld von mir herbeigesehnt.
Dann kann ich ertragen der dunklen Tage Rest,
werde nun länger vom Licht verwöhnt.

Heiko M. Kosow

Zärtlich im Garten

Wenn frisches Blattgrün schiebt, sich neu hervor
und das Wintergrau der Wälder tritt zurück.
Erklingt der Vögel vielfältiger Chor,
das Zeichen für ein neues Glück.

Wenn der Winter Abschied nimmt,
weil der neue Frühling ihn verdrängt.
Bin ich immer froh gestimmt,
weil am Baum kein altes Blatt mehr hängt.

Wenn der Krokus sprießt,
wird's sonnenklar,
Sonnenwärme man genießt,
das Leben im Winter, es war.

Wenn Gefühle für mich, sich bei dir regen,
im Winter musste ich so lange warten.
Ich hoffe, du bist nun auf guten Wegen,
bist bereit für Zärtlichkeiten im Garten.

Heiko M. Kosow

zukunftssorgen

sorgt bitte bei den großen banken
für noch viel engere schranken
unsere enkel werden es uns danken

den frieden auf dieser schönen welt
bedroht das allzu viele freie geld
das durch die spekulation verfällt

seit jahren häufen wir mehr schulden
alles wir nur noch dem mamon hulden
geld ohne ökonomische basis wir dulden

mit verschuldung gefährden wir die nationen
verprassen geld ohne die haushalte zu schonen
als würde sich dieses für unsere zukunft lohnen

es ist unglaublich, was wir in europa verbocken
wie wir die zukunft unserer jugend verzocken
wir lassen sie ohne perspektive zu hause hocken

in europa wächst durch sie ein rechter populismus
bedrohlicher als jeder koreanische kommunismus
der zerfall europas ist der schlimmste abschiedsgruß

Heiko M. Kosow

Europas Erbschaft

Wir versklavten Menschen in Afrika
Kolonien behandelten wir als Beute
Armut und korrupte Strukturen heute
Zwingen sie zur Flucht nach Europa

Sie sind von Hoffnung getragen
Mit Sehnsucht nach Überleben
Nach Europa sie heute streben
Zum Beenden ihrer Plagen

Für Geld in der Schleuser Hände
Besteigen sie ein jedes Boot
Wissend um den möglichen Tod
Kampf um ein glückliches Ende

Tage ohne Wasser und Brot
Begleiten sie beim Entkommen
Noch niemals sind sie geschwommen
Sie tauschen ihre Not gegen Tod

In der Gewalt von Wassermassen
Zahlen sie nun zum zweiten Mal
Mit einem Lebensende in Qual
Wenn Retter sie nicht erfassen

Heiko M. Kosow

Kahle Kargheit

Karge Hügelhöhen in heilloser Kahlheit,
aus den vergangenen fünfhundert Jahren.
Die Menschen die Natur nicht mehr bewahren,
kein nachhaltiges Forsten seit jener Zeit.

Unsere Erbschaft ist der Raubbau an Bäumen,
manch stolze Armada aus ihnen entstand.
In der Ferne fanden Seefahrer neues Land,
dies ließ ihre Könige vom Reichtum träumen.

Dafür nahmen sie kahle Landschaft in Kauf.
Die wachsende Ödnis war ihnen völlig egal.
Verlust von Natur war für sie ohne Wahl.
Die Leere der Landschaft nahm so ihren Lauf.

All die sich heute darüber erheben,
denen wollen wir die wahre Wahrheit sagen
und sie nach ihrem eigenen Einsatz fragen.
Wollt ihr der Erde eine Zukunft geben?

Wir heute die Umwelt weiter verprassen,
obwohl wir zum Wandel des Klimas alles wissen,
lassen wir unsere Verantwortung vermissen.
Dafür werden uns in Zukunft die Urenkel hassen.

Heiko M. Kosow

Mutterhände

Ihrer Hände feine Gliederung,
die mich so liebevoll gehalten.
In jungen Jahren, dann mit Falten,
bleibt mir für ewig in Erinnerung.

Sie ließen mich die Liebe fühlen,
als sie mich an der Brust gehoben.
Sie streicheln mich beim zarten Loben,
beim Fieber sie erlösend kühlen.

Mit den Klötzchen in ihren Händen,
sie erste Türmchen mit mir baute.
Die Finger spielten leicht die Laute,
für Lieder, die dann Trost mir spenden.

Ihre Hände zauberten Speisen
und hielten das Haus in Verwahrung.
Dank der gesammelten Erfahrung.
schafften sie feine Ordnung im Leisen.

Sie waren geschmückt von einem Ring,
gefertigt aus feinem, weißen Gold.
Den sie einst von der Mutter gewollt,
ich ihn empfing, als sie von mir ging.

Heiko M. Kosow

Nullbockverlockungseinbrockung

Lockerer Rock und lockende Locken
Verlockt zum rocken nach Rock and Roll
Verzockt sie seine Brocken wie wild und toll
Wird beim lockeren Bloggen gelobt für ihr Rocken

Sie in rötlichen Röckchen und mit geflöchtenen Löckchen
In seinen trockenen lockeren Socken Loch an Loch nun hocken
Der letzte Block an Sockenflocken lassen ihn zur Null verbocken
Nun ganz ohne Bröckerchen bleibt er ein einsam Stubenhöckerchen

Heiko M. Kosow

Enkelfreuden

Trapsendes Tapsen
Erprobendes Erobern
Erheischendes Kreischen

Grienen durch Gardinen
Verstecken unter Decken
Recken zum Entdecken

Wiederholendes Wollen
Gefundenes Erkunden
Freudige Neugier

Heiko M. Kosow

Karneval im Sauerland

Wo's Sauerland kurkölnisch war,
gibt's an den tollen Tagen keine Ruh.
Die Menschen finden's wunderbar,
der Karneval gehört für sie dazu.

Ausgelassen das dörfliche Treiben,
setz manchen Fremden in Erstaunen,
Voll Neugier sie jetzt gerne bleiben,
berauscht von dieser Narren Launen.

Aus alle Arten von Vereinen,
toll verkleidet sie dann kommen.
Sie sind täglich auf den Beinen,
ihr Gang ist schon verschwommen

Neben Großen auch die Kleinen,
singen, tanzen, herzhaft lachen.
Süchtig sie uns nun erscheinen,
wenn sie derbe Späße machen.

In Zelten, Sälen, Hallen,
auch die Kneipen übervoll.
Züge in den Straßen wallen,
alle feiern dann wie toll.

Heiko M. Kosow

Nachtklänge

Des Tagespower Trubel-Lärm
hat bang den Dauerklang verloren.
Sanft spürbar fühlen wir es gern,
lautlose Abendruhe wird geboren.

Sacht der Eule Geheule heut Nacht.
Säuselnde Winde kräuseln den See.
Von mattem Mondenschein müde belacht,
strahlt lautlos still silbern der Schnee.

Durch dumpfe Dunkelheit umfasst,
wir stumm in laue Stille lauschen.
Ohne der Tage lärmende Last,
träumende Bäume raunend rauschen

Funkelnd der fernen Sterne Schimmer
schweigend die Nacht tonlos erhellt.
Eisige Ewigkeit leise für immer,
Lichtergeflimmer im Himmelszelt.

Schwarze Stunden stumm vergehen,
vage und zag mit zartem Glockenschlag.
Wenn Wehen lichten Lichts wir sehen,
Vogelsang als erster Klang am Tag.

Heiko M. Kosow

Prinzen-Paginnen

Sehr hübsche die Pagen-Damen,
sie bilden einen Prinzen-Rahmen
und immer gerne mit ihm kamen.

Ihm die nächsten Schritte sagen,
helfend auch das Zepter tragen,
mit ihm auf dem Prinzenwagen.

Ihn nach seinen Wünschen fragen,
richten seinen Prinzenkragen,
und Küsschen an die Gäste wagen.

Sie seinen Orden auch Vergeben,
verschönern ihm das Prinzenleben,
wenn sie zärtlich ihn umschweben.

Kindheitstraum von jungen Frauen,
so gerne würden sie sich trauen,
den Festzug mehr als anzuschauen.

Heiko M. Kosow

Prinzen-Zepter

Wird als Prinz man nicht geboren,
sondern wird dazu man nur erkoren,
geht die neue Würde schnell verloren.

Das Zepter nun ist dann das Zeichen,
dass die alten Prinzen weiterreichen,
mit der Mahnung, davon nicht zu weichen.

Der neue Prinz muss es nun sorgsam tragen,
unterstützt von seinen Damen-Pagen,
die es für ihn bewachen ohne zu verzagen.

Doch wenn die drei dies nicht beachten,
oft Fremde nach dem Zepter trachten,
dann geht`s oft schneller als sie dachten.

Es wird ganz heimlich weggebracht.
Und mancher dann den Prinz verlacht.
Der aber nun hat jeden im Verdacht.

Das äußere Zeichen seiner Prinzen-Macht,
bleibt in der Fremde meist nur eine Nacht
und wird dann reuevoll zurückgebracht.

Heiko M. Kosow

Tanzen

Frauen gerne es begehren
Sich sogar danach verzehren
Und sich nur zu Scheine wehren

Ein gemeinsames Erleben
Mit der Musik zu Schweben
Sich dem Partner hinzugeben

Beim zärtlich aneinander schmiegen
Will man gerne ihm Erliegen
Lässt sich von der Lust besiegen

Es ist nur schwer zu fassen
Es gibt Männer die es hassen
und das Tanzen darum lassen

Heiko M. Kosow

Heiße Juliwärme

Der Sommer soll endlich nun doch kommen
Erfüllt von der Sucht nach Sonnenstrahlen
Nach Blumenblüten die mit Düften prahlen
Auf ihren Wiesen wir uns dann sonnen

Im dichten Schatten der Gartenbäume
findet mancher erlösende Kühle
und Erholung von drückender Schwüle
im Reich der erfüllten Sommerträume

Doch dann kommen plötzlich Sonnentage
Gefüllt mit heißester Saharaluft
Und mancher mit vollem Entsetzen ruft
Wann gibt es ein Ende dieser Plage

Es kommen wabbernde Hitzeschwaden
Die Fenster und Dächer leicht durchdringen
Die Nächte keinen Entspannung bringen
Es gibt keinen Schutz vom Fensterladen

Statt der ersehnten Kühle in der Nacht
Drohen uns nun Unwettergestanden
Mit Regen und Gewittern geladen
Von ihnen wird keine Entspannung gebracht

Heiko M. Kosow

Auf der Vogelwiese

Großer Schützenzug zur Vogelwiese,
im Marsch mit Horrido und Husssasssa.
Des Festes Höhepunkt in jedem Jahr.
Keine Wiese ist so schön wie diese.

Ist hoch oben der Vogel gut befestigt,
ertönt der Schutz-Choral zu Gottes Ehre.
Der Hauptman ruft zur Ordnung am Gewehre.
Am Schießstand ist man schwer beschäftigt.

Gemeinsam geht es zum Vogelschießen.
Aus der langen Reihe der Gewehre,
wird begonnen mit dem Schuss der Ehre.
Sekt und kühle Biere kräftig fließen.

Am runden Tisch im Schatten der Bäume,
ein mancher sich nur mühsam noch bewegt.
Der arme Vogel ist auch fast zerlegt,
es erwachen erste Königsträume.

Zum Stande zieht die Königskompanie,
begleitet vom Donner der Kanonen.
Jeder gute Schuss kann sich jetzt lohnen,
wer nun den Vogel trifft, dies weiß man nie.

Schließlich hat der Vogel doch verloren,
endlich fallen seine letzten Reste.
Dieser eine Schuss war dann der beste,
ein neuer König ist nun erkoren.

Heiko M. Kosow

Europas Schande

Europa versagt
Menschen in Not
Flüchtlingstod
An jedem Tag

Verzweifelte Flucht
Über das Meer
Boote zu schwer
Verpassen die Bucht

Menschen geschunden
Ersehnen das Land
Tod am Strand
Werden sie gefunden

Europa versagt
Hilfsangebote
Täglich mehr Tote
Werden beklagt.

Bürger protestiert
Geduld ist zu Ende
Ohne eine Wende
Europa weiter verliert

Heiko M. Kosow

Ralf

Ganz plötzlich hat er uns verlassen
Der gute Freund, er wird nun fehlen
Von dem wir immer gern erzählen
Nur schwer wir seinen Tod erfassen

So klangvoll war sein innig Singen
Uns fehlt das Klingen seiner Lieder
Wir hören ohne ihn sie wieder
Sie uns die Erinnerung bringen

Wir konnten uns auf ihn verlassen
Zur jeder Hilfe war er stets bereit
Ihm war dann auch kein Weg zu weit
Eine Lücke bleibt durch sein Erblassen

Sein Abschied uns nun tief bewegt
Mit Schmerz erfüllt ist unser Leiden
In Erinnerung wird er uns bleiben
Von Trauer sind die Herzen nun belegt

Heiko M. Kosow

Europas Versagen

Täglich zeigt sich Europas Versagen
In diesen späten Sommertagen
Von Menschen schmerzvoll ertragen
Die die ihre Flucht nun wagen

Grenzen wieder verschlossen
Wie einst bei den Genossen
Wird auf sie auch geschossen
Bis an Grenzen Tränen flossen

Europas unierte Staaten
Ohne ein Ergebnis beraten
Auf einander nur warten
Die Gemeinschaftswerte verraten

Zu tiefst sollten sie sich schämen
Ungarn, Serben und Dänen
Menschen die sich in Freiheit wähnen
Sind allein nun mit ihren Plänen

Flüchtlinge sich tagtäglich plagen
Staaten die Antworten vertagen
Ohne die Lösung wichtiger Fragen
Weil Europas Staaten versagen

Heiko M. Kosow

Europas Chance

Gern reichen wir ihnen unsere Hand
Beschwerlich und gefährlich ihre Flucht
Die lange Reise hier ein Ende fand
Unser Willkommen haben sie gesucht

Wir sind stolz auf unser Abendland
Und erheben helfend unsere Hände
Vorbei ihre Zeiten an Europas Rand
Geschafft hat nun Europa die Wende

Die Akzeptanz der anderen Kulturen
Bedeutet Vielfalt und Bereicherung
Sie hinterlassen neue Spuren
bei der gesellschaftlichen Neuerung

Vorbei die Angst vor fremder Gefahr
Als Folge einer Völkerwanderung
Falsch unsere frühere Abwehr war
Bleibt gerne hier heißt die Versicherung

Heiko M. Kosow

Neubeginn?

Als ich in Deine Augen sah,
war die Tiefe unergründlich.
Ihr Glitzern war so wunderbar,
ihre Sehnsucht unerfindlich.

Hoffnung seh ich darin schimmern,
unerfüllt erschien Dein Warten.
Alte Trauer ließ Dich wimmern,
wie der Wintertod den Garten.

Du erahnst ein neues Verlangen,
unmerklich steigt es in Dir auf.
Von Gefühlen eingefangen,
nimmt neue Liebe ihren Lauf?

Wieder diese bangen Fragen,
die Du Dir schon oft gestellt.
Nun beginnt ein neues Wagen,
das Dir ganz heimlich doch gefällt.

Heiko M. Kosow

Des Winters Frühling

Ungewiss wie die bangen Stunden,
vor einem Abschied oder dem Empfang,
wird diese trübe Zeit empfunden,
hin zum grauen Winterübergang.

Blatt für Blatt zur bunten Blüte wird,
als würd der Frühling neu geboren.
Jeder Herbst die Farben neu gebiert,
die der Sommersonnenschein verloren.

Eines Herbstes kraftvolle Stille,
zeigt mit Macht die Vielfalt der Früchte.
Er erfüllt des frühen Frühlings Wille
schafft berauschende Tropfen für Süchte

Des buntes Laubes Zauberlachen,
in Tagen trüber Abschiedstrauer,
lässt in uns Kräfte neu erwachen,
für eines Winters grauer Dauer.

Heiko M. Kosow

Herbstliche Sehnsucht

Seit Tagen dieses Dauergrau,
wie meistens mitten im November.
Wenn ich auf den Kalender schau,
haben wir doch erst September.

Miese Wetter-Kapriolen,
die diesen frühen Herbst durchziehen.
In ihr kann man sich nur erholen,
wenn man sich entschließt, zu fliehen.
Hin zu einer Dauersonne,
in sanfter Wärme sich ergeben.
mit Stunden von wohliger Wonne,
dauernd möchte man hier leben.

Alle Zeiten dann immer mit dir
erfüllt voller innigster Nähe.
In Natur von gewaltiger Zier,
unseren Lebensherbst ich sehe.

Heiko M. Kosow

Übergang ...

Wenn des frühen Herbstes feuchte Kühle
schwer auf den müden Auenwiesen liegt,
ist fast vergessen des Sommers Schwüle
und eine erste Abschiedswarnung siegt.

Wenn im eingefärbten Wipfelmeere
bunte Blätter summen ein farbiges Lied.
Nach drückender Sommerhitzeschwere,
eine Herbstmelodie die Natur durchzieht.

Wenn gefüllt mit Korn die gelben Garben,
einsam auf die letzte Reise warten.
Überfüllt von der Vielfalt der Farben,
träumt vom Winterschlaf ganz sanft der Garten.

Wenn durch erste kahle, dürre Äste
der lichten schwarzen Kronen und Hecken,
morgens kriechen graue Nebelreste,
ahnen wir des Winters kalten Schrecken.

Wenn der reifen Früchte Überfülle,
uns täglich winkt mit neuer Farbenlehre,
wissen wir um die weiße Winterstille
und empfangen die Zeit der dunkeln Schwere.

Heiko M. Kosow

Winterahnung

Dicht verdeckt die Mauerflanken
Von immergrünen Efeuranken
Die leicht im kühlen Herbstwind wanken
Mit ihren letzten Sommerranken

Der Goldenen Blätter Farbenmeer
Voll von ersehnter Wiederkehr
Macht jährlich uns den Abschied schwer
Wir haben keine Hoffnung mehr

Der Winter kommt nicht über Nacht
Die Sonne langsam schwächer lacht
Die Dunkelheit ergreift die Macht
Täglich stärker und doch ganz sacht

Heiko M. Kosow

Novemberfolgen

Wird er im Nebeltau geboren,
ist müde schon der frühe Morgen.
Dann hat der Tag bereits verloren,
kann für das Licht nur schwerlich sorgen.

Durchdrungen von feuchtem Morgendunst,
fröstelt leicht die kärgliche Natur.
Bunte Bilderreste der Blätterkunst,
hinterlassen eine schwache Spur.

Der Kampf des Herbstes ist zu Ende,
wenn der weiße Winter wieder siegt.
Nasse Kühle bestimmt die Wende,
bis des Eises Kälte überwiegt.

Das Dauerdunkel dieser Tage,
bedrückt Gemüter und die Herzen.
Bis Winterwende eine Plage,
dann enden der Lichtleere Schmerzen.

Heiko M. Kosow

Winterwiderstand

Banges Blätterrestgeäst
das in der Kälte schaudert.
Verlassenes Vogelnest
den Eisschnee überdauert.

Wilde Winterwolkentürme
schales Sonnenlicht verschlucken.
Tosen laut die starken Stürme
Bäume sich im Nebel ducken.

Dumpfe Dunkelheitsgewalt
hält Wintertage gefangen.
Scharfer Schollenschroff eisig kalt
lässt uns um die Schiffe bangen.

Reinster Raureifüberzug
Bäume und Zweige verziert.
Stummer Schneeödenbetrug
gegen die Sonne verliert.

Heiko M. Kosow

Europa im Krieg

Wir haben Krieg in Europas Staaten,
mit Schüssen und der Bomben Gewalt.
Vor Menschen die an Stadien warten,
macht der Satanische Staat nicht halt.

Ihn stört unsere freie Art zu leben.
Gleichberechtigung und Demokratie
soll es in ihrem Staat nicht geben,
zwingt die Ungläubigen in die Knie.

Mit einem religiösem Terrorkrieg
überziehen uns fanatische Sunniten.
Ziel, islamischen Überlegenheitssieg,
mehr können sie uns nicht bieten.

Bilder von Toten und Schrecken.
Krieger mit Granaten und Waffen.
Wir täglich immer neu entdecken,
die ein grausames Entsetzen schaffen.

Müssen wir denn nun Soldaten schicken,
um diesen Schrecken zu beenden?
Täglich auf neue Todeszahlen blicken,
bis die Kämpfe sich zum Siege wenden?

Heiko M. Kosow

Wintererwartung

Natur stirbt seit September,
die Sonnenstrahlen zaudern.
Kalter Nebel im November,
lässt müde Moose schaudern.

Verblasst des Herbstes Farben,
in Vergessenheit versunken.
Erste Tiere Hunger darben,
in Kaminen lodern Funken.

Früh verlässt das Licht den Tag,
dieses Grau färbt mein Gemüt.
Sturm zerzaust den kahlen Hag,
der sich Wärme wünscht aus Süd.

Vieler Stunden Tod im Dunkeln,
Frosthauch überzieht die Nacht.
Eisigkalt die Sterne funkeln,
wartend auf die weiße Pracht.

Heiko M. Kosow

Erinnerungen

Das Gefühl der frühen Liebe
war uns noch völlig unbekannt.
Hofften das es ewig bliebe,
verbunden durch ein enges Band.

Ganz tief in unseren Herzen
schimmern sanfte Sehnsuchtskerzen   .
Längst vergessen sind die Schmerzen,
Liebe in den ersten Märzen.

Es war das Schönste was uns blieb,
aus längst vergangenen Jahren.
Zu dem uns einst die Liebe trieb,
Erfüllung hatten wir erfahren.

Ich war damals immer allein,
Sehnsucht war es, die mich quälte.
Wollte so gerne bei dir sein,
nur die Zeit mit dir sie zählte.

Eveline Dempke

An der Weser

An der schönen lieblichen Weser,
in idyllischer Natur.
Gibt es vieles zu entdecken,
Klöster, Burgen, Romantik pur.

Sommerfrische wohl genießen,
auf der Weser kühlen Nass.
Und wir Schiffern gegen Bremen,
Schiff Ahoi, das macht uns Spaß.

An der Schlachte ist's gemütlich,
die Hit-Promenade am Weserfluss.
Biergärten und Terrassen,
und fröhlicher Touristengruß.

Live Musik am Wochenende,
die Natur, sie lacht uns zu.
Eine Schifffahrt nach Bremerhaven,
maritimes Ambiente und Lebenslust pur.

Eveline Dempke

Die holde Rose in meinen kleinen Paradies

Die duftende Rose hold und fein,
sie zieret meinen Garten.
Ach wenn sie bald doch erblühet,
ich mag gar nicht mehr warten.

Ich sitze hier und siehe da,
sie öffnet ihre Blüte.
Entschädigt mich der Mühen sanft,
in meinen Paradiese.

Tautropfen perlen sanft herunter,
in das grüne, grüne Gras.
In zarter Liebe sie erblüht,
in meinem Garten hat sie holden Spaß.

Hier lacht die Sonne, kommt der Regen,
die Wolken werfen Schatten kurz.
Es ist ein Paradiese hier,
ein Regenbogen sie umspielet,
vom Himmel her von seinem Platz.

Eveline Dempke

Vision, Traum, Ziel

Eine Vision, ein Traum, ein Ziel,
in meinem herrlichen Leben.
Ein wunderschönes Gedankenspiel,
es hat sich so ergeben.

Nun schau ich hin und mach und tue,
der Stunden sind gar viele.
Erarbeite mir mein größtes Ziel,
in meines Lebensmeisters Spiele.

Ach hätte ich diese Vision nicht mehr,
mein Leben wäre öde und fade.
Gar munter wandele ich so drauf los,
wie es ist so meine Art.

Meine Vision, mein Traum, und auch mein Ziel,
es macht mich Selbstbewusst, gibt Kraft, macht Mut.
Den Mut zu Neuem und ein mutiger Tatendrang,
tut meiner goldig Seele gut.

Eveline Dempke

Der Quell des Lebens

Der Quell des Lebens liegt im SEIN,
schon seit Milliarden Jahren.
Es obliegt Gott ganz allein,
wie er will verfahren.

Gott macht die Wetter und Gezeiten,
in allem ist viel Leben.
Er tut das Gute sehr behalten,
und nach natura - Wohlsein streben.

Im Quell des Lebens ist verankert,
ein großer Reichtum in natura - Glück.
Beharrlichkeit zeigt Gott in allem,
die Natur erblühet mit Entzücken.

Die Gnade und Barmherzigkeit entspringt dem Quell,
pure Liebe ist in ihm enthalten.
Als Gast in diesem Erdenleben hier,
darf ich mich wohl Entfalten.

Drum lieber Quell des Lebens sing mit mir,
umgebe mich beschützend auf meinen Lebensweg.
Schenke mir die heilende Nahrung von Gottes Frohnatur,
ich möchte sie in mir tragen.

Eveline Dempke

Im romantischen Tal erwachen die Blumen

Im romantischen Tal erwachen die Blumen,
voller Pracht und Buntheit, so wunderschön.
Ihr aromatischer Duft zieht über Feld, durch Wälder und Fluren,
bis hin zu den kühlen kristallklaren Seen.

Im lauen Fön umherziehen Schäfchenwolken,
sie künden von schönem Wetter mit bedacht.
Der Sonne warmer Strahlen senken sich bis hin zu Mutter Erde,
unser Herrgott steht oben am Himmelstor, selig, glücklich er lacht.

Hirsche und Rehe äsen friedlich,
auf einer Lichtung, nahe dem Waldespfad.
Ein Adler umkreist stolz sein natura - Revier,
sein Schrei die Menschen auf der Erde warnt, sie mahnt.

Erzieht euch ein positives Naturbewusstsein an, ihr lieben Menschen,
lasset die Erde gesunden, macht sie wieder heil.
Weit Generationen vorausschauend
solltet ihr denken, handeln und planen,
dann ist eine gesunde natura -
Pracht euer Lohn euer Generationenerbteil.

Eveline Dempke

Höre hell die Menschenstimmen singen

Höre hell die Menschenstimmen singen,
so fein im Gesang und im Gespür.
Hebet an und lasset das Lied erklingen,
es ist das Lied vom Frieden, in dir und mir.

Es ziehe um der Menschen Häuser,
tanzt froh in alle Welt hinaus.
Frieden, das gilt auch in der Menschenseele,
für jeden Tag, Tag ein, Tag aus.

Das Friedenslied zieht mit dem Winde,
mit Stimmen von Schönheit, und Worten zart.
Ich gebe euch Frieden, sagt an unser Herrgott,
in seiner allumfassenden, liebenswerten, göttlichen Art.

Ihr Menschen Lobpreiset den Friedensgedanken,
lauschet kurz in aller Stille und sprecht nun sanft an Gott ein Gebet.
Dieses Gebet bedeutet auch Frieden,
ein Frieden der in die Seele und tief zu Herzen geht.

Es manifestiert sich sanft der Friedensgedanke,
in jedem Menschenherz auf dieser Welt.
Nun wieder die Stimmen hell erklingen,
es ist Frieden, Frieden der unsere Herzen erhellt.

Eveline Dempke

Nacht im Moor

Im Moor da pfeifft's und zischt's.
Die Irrlichter tanzen und locken.
Bläulich ihr mörderischer Schein.
Es blubbert und gluckert,
es brodelt und platscht.
Kein Vogel singt, keine Maus raschelt,
nur die Geräusche des Sumpfes.
Es raucht und qualmt.
Nur die Lichter! Soeben ein Leuchten,
schon wieder erloschen.
Sie führen in den Untergang.
Sie irren, sie narren,
verwirren nicht verharren.
Von Ferne ein Käuzchen.
Es ruft auch sucht.
Die Seelen zu quälen,
egal welche Qual.
Wessen Seele? Egal!
Komm' bloß nicht vom Pfad,
komm bloß nicht vom Knüppeldamm.
Endlich! Da ziehen die Wolken.
Das Mondlicht bricht gespenstisch hervor,
erleuchtet den gierigen Schlund.
Was oder wer liegt wohl auf dem Grund?
Das Geheimnis,
ich eile davon.
Fort nur fort, ja - ganz schnell fort,
von diesem ungastlichen Ort.

Claus Fahske, Eveline Dempke

Hagia Sofia - Du heilige Weisheit

Oh, Hagia Sofia in Istanbul,
du heilige Weisheit.
Du Monument des Glaubens,
du Symbol von Glauben, Glück und Toleranz.

Hagia Sophia in Istanbul,
du Symbol von Frieden und Freiheit.
Du großes Monument des Glaubens,
der Menschen an einen einzigen GOTT.

Oh, Hagia Sofia,
Du bist in Stein gebaut.
Oh Hagia Sofia,
seit Jahrhunderten stehst Du für Akzeptanz.

Ein prachtvolles Wahrzeichen,
bist Du liebe Hagia Sofia in Istanbul.
Du zierst das Land,
als großes Heiligtum.

Wir beten und glauben,
zu einem einzigen GOTT und HERRN.
Lasst uns lieben alle Menschen,
alle Menschen ob nah, oder fern.

Claus Fahske

Urlaub

Reisen möcht` ich gar so gerne,
möglichst in die weite Ferne,
nach Marmaris oder Istanbul,
an das blaue Meer oder an den Pool.
Schönes Wetter, in die Sonne,
was für eine Urlaubswonne.
Nach Mallorca, die Seychellen,
an des Meeres sanfte Wellen,
über Städte, über Länder fliegen
und nicht Montezumas Rache kriegen.
Ob nach Beirut oder gar nach Mexiko,
bloß weit weg, das macht mich froh.
Ein paar Stunden erst im Flieger sitzen
und dann unter Palmen schwitzen.
Nicht`s vergessen?
Ist der Herd zu Hause aus?
Nicht dran denken, welch ein Graus.
Jetzt bin ich im Flieger in der Luft,
freu mich auf des Orients Duft.
Schreibe SMS und auch Karten,
keiner soll zu lang drauf warten.
Bin jetzt angekommen very well,
bin nun endlich im Hotel.
Aus dem Koffer die Klamotten, das muss sein,
und dann schnell in des Meeres Fluten rein.
Rasch zum Strand, zum Strand hinunter,
freu` mich drauf und bin ganz munter.
Schönes, fernes fremdes Land,
aus Prospekten mir bekannt.
Bin jetzt hier für ein paar Wochen,
hatte es mir selbst versprochen.
Jedes Jahr das gleiche Spiel,
ob für wenig Geld oder gar recht viel,
immer ist`s ein andres Ziel.
Fremde Menschen, Länder kennenlernen,

in der Nähe oder auch in weiten Fernen.
Ja, zum Reisen bin ich stets bereit,
oh du schöne Urlaubszeit.

Claus Fahske

Ertrunken

Es spült ein Fremder an den Strand,
er ward von niemanden erkannt.
Er kam von eines Wrackes Schiff
ein Fischer hat ihn aufgefischt,
ein Fischer kalt und mächtig.
Es spült ein Fremder an den Strand,
man nur noch seine Leiche fand.

Zwei Männer gruben tief im Sand,
ein Grab für jenen Fremden.
Den Blick zur Morgensonn` gewandt,
hier muss er seinen Weg beenden.
Ein Fischer geht durch Stadt und Land,
er wird der Tod genannt -
ein Fischer kalt und mächtig.

Und über seines Grabeshügel singt
der Wind ein Trauerlied:
"Hier ruht ein Seemann unbekannt,
die Meereswog bracht ihn an Land.
Er kam von des Wrackes Schiff,
ein Fischer hat ihn aufgefischt;
ein Fischer kalt und mächtig.

Claus Fahske

Mischa und Sergej

Mischa und Sergej, ach es tut so weh.
Wir dürfen uns nicht lieben,
in St. Petersburg, unserer Heimatstadt,
weil der Präsident es so befohlen hat.
Zwei junge Männer liegen im Straßenschmutz,
blutüberströmt, erschlagen,
die Hände nicht mehr haltend,
ohne jeden Schutz.
Putin, der Präsident mit eiserner Hand
und eisernem Colt,
er hat`s zu verantworten, er hat`s gewollt.
Er und seine Mannen stehen dafür,
für diesen sinnlosen Tod,
für diese blutige Kür.
Sie hassen die Menschen, nur weil sie schwul,
bei diesem grausigen Mord, da bleiben sie cool.
Auch Mischa und Sergej liebten die Heimat so sehr
und mussten folgen dem Ruf zum Militär.
Dem Vaterland dienen, dazu waren sie gut,
nun liegen sie da, im eigenen Blut.
Von „Superhelden" erschlagen,
man tat sich was wagen,
nur Beifall, wo bleiben die Klagen?

Claus Fahske

Die Birke

Eine Birke steht am Waldesrand
was hat sie gesehen?
Dicht dabei ist eine Bank,
was ist nur geschehen?
Namen, Herzen und noch mehr
steh`n in ihrer Rinde.
Sprechen von der Liebe und der Treue.
Manche sind schon alt,
doch es gibt auch neue.
Für immer dein
und dort steht auf ewig.
Sind sie noch zusammen
oder blieben sie ledig?
Hat ein and`res Herz sie einst gewonnen,
sind sie noch am Leben?
Ist die Liebe gar zerronnen,
wie hat es Gott gegeben.
Keiner weis es, nicht die Birke, nicht der Wind,
vielleicht nicht mal die Namen.
Welche Liebe, welches Glück
ist dabei gewesen!
Schöne Jugend, zarte Bande
blühen überall in jedem Lande,
kehrt doch nicht zurück.
Fremde können`s lesen, was dereinst gewesen.
Wecken eigene Gedanken
an vergang`ne Zeiten.
Lang ist`s her und kommt nicht mehr,
wie`s das Leben zeigt
und die Birke schweigt.

Claus Fahske

Ausgewandert - Ein Freundespaar

Der Mond scheint durch die Zweige
einer Birke mit silbrigen Schein,
wo ist mein Liebster, ach -
ich bin ja so allein.
Der Tod nahm ihn mir mit eiskalter Hand,
hier am fernen Ort, im fremden Land.
Wir kamen hierher um glücklich zu sein,
ein neues Leben, nur für uns zu zwein.
Wir sparten voller Hoffnung,
träumten -
und kamen hierher,
nun steh ich hier und ihn gibt es nicht mehr.
Ermordet durch eines Radikalen Hände,
vorbei die Zukunft, hier in der Fremde.
Kein neuer Anfang und es gibt kein zurück,
vorbei die Hoffnung, vorbei all das Glück.
Einsamkeit im Herzen nur Trauer im Sinn,
was soll ich machen, wo soll ich hin?
Herr sei gnädig und nimm auch mich,
wie soll ich leben, mein Freund, ohne dich?
Er sprang vom Hochhaus, ganz tief hinab,
auch er fand in der Fremde,
neben seinem Freund, das Grab.

Claus Fahske

Im silbernen Tannenwald

Im silbernen Tannenwalde rauschen die Bäume,
klar ist die Luft hier in der Früh.
Leben lassen und genießen,
das ist ein wunderschönes Künstlerziel.

Im Hier und Jetzt richte ich aus mein Leben,
ein klarer Gedankenfluss entspringt meiner Seele hier im SEIN.
Eine Philosophiereise in Gedanken,
ich teile es IHM mit, im hellen Sonnenschein.

Ich realisiere und ich stimme an,
eine Melodie mit Wohlbedacht.
Mein Denken zieht in höhere Sphären,
im silbernen Tannenwald mit Gottesmacht.

Horst Franke

Heimat

Heimat, ja Heimat,
gibt es dich überhaupt?
Heimat, was bist du?
Hatte ich mal eine Heimat und wenn,
wo bist du?
Bei den grünen Hügeln
und den tiefen Wäldern, da sollst du sein.
Einst sang mir meine Mutter
und erzählte mir mein Vater
wie schön es dort war.
Heimat für mich etwas Schönes,
ein Zauberwort, pure Phantasie.
Schöne Phantasie!
Ich male mir eine Heimat.
Nicht real und doch existiert sie.
In meinem Kopf!
Heimat: schönes Wort, süßes Gefühl.
Ich habe eine Heimat.
Aber:
Ist es nicht meine Heimat,
hier wo ich geboren bin?
Hier wo ich lebe?
Nein, Nein:
In der Heimat sind die Wiesen und Bäume viel grüner
blühen die Blumen bunter,
die Winter sind kälter, die Sommer sind wärmer,
Sonne und Mond scheinen heller,
die Sterne funkeln und leuchten schöner.
Ach, das ist hier auch.
Du bist meine Heimat,
hier wo ich zu Hause bin.
Ja, du bist meine Heimat.
Heimat, du bist wunderschön.

Horst Franke

Nebel

Nebel steigt herauf vom Wiesengrund.
Kriecht durch die alten Gassen.
Nebel soll ich dich lieben oder hassen?
Küss mich! Ich küss dich kess zurück.
Oh - wie schmeckt dieser Kuss,
den ich hassen oder lieben muss.
Der Mond dringt kaum durch auf die Dächer
der Kleinstadt.
Selbst der silberne Sternenschein
ist fast nicht mehr zu sehen.
Wer das wohl gemacht hat?
Der Nebel!
Verdammt!
Ich gehe nicht mehr raus,
ich werde nicht rausgehen.
Dieser feuchte, klebrige Nebel,
wie aus Zuckerwatte gemacht.
Es ist doch erst 18.00 Uhr
und noch keine Nacht.
Ich mache es mir gemütlich
und werde etwas lesen,
denn morgenfrüh, ja morgen früh,
da ist der Nebel gewesen.

Horst Franke

Erkältet

Oh weh, oh weh, die Augen brennen
und ich muss schon wieder zur Toilette rennen.
Hustentropfen, Pfefferminze und Kamille,
all das ist doch nicht mein Wille.
Brust und Rücken eingeschmiert,
wie ist das alles bloß passiert?
Angesteckt oder irgendwie auch eingefangen,
dieses war nicht mein Verlangen.
Nasenspray, du meine Güte,
Hustenbonbons aus der Tüte.
So ein Schnupfen und auch Schleim,
warum muss das alles sein?
Von Papier die Taschentücher,
ich kämpf dagegen wie der alte Blücher.
Heißes Fußbad, das muss sein,
alles tut mir weh, das ist gemein.
Ach, ich krieg kaum Luft durch meine Nase,
schon wieder drückt mich meine Blase.
Wünscht du dir das, sei mal ehrlich
und der Kopf brummt ganz gefährlich.
Keine Hilfe gibt es keine,
denn dadurch muss man alleine.
Linderung, die gibt es viele,
aber was ist richtig bis zum Ziele.
Bloß kein Fieber,
nein, mein Lieber.
Ein, zwei Wochen soll es dauern,
überall die Viren gierig lauern.
Hoffentlich ist`s bald vorbei,
mit der schlimmen Quälerei.
Jedes Jahr, da kommt es wieder,
davon singen kann ich Lieder.
Husten, Schnupfen, Heiserkeit,
keiner ist davon gefeit.

Horst Franke

Sonne, Mond und Sterne

Im leuchten der Sterne und dem hellen Silbermond,
weit nah am Rande unserer Zeit.
Dort fliege ich mit dir dahin,
nahe der Unendlichkeit.

Die leuchtenden Sterne weisen uns den Weg,
galant weit dort droben entlang am Horizont.
Herr Silbermond, Herr Silbermond, wir herzlich rufen,
seine Augen zwinkern uns zu ganz promt.

Guten Abend, ich erleuchte euch den Weg,
gehet ihn und ihr trefft den hellen Sonnenschein.
Er erwärmt euch nach der kühlen Nacht,
und fängt euch mit seinem warmen Lächeln ein.

So weisen euch die Sterne, der Silbermond, dem Weg zur Sonne,
ihr lernt relaxen am Abend und mit Wohlsein schlafen.
Am Tage im Glanz der hellen Sonne eure Kreativität lasst fließen,
am rauschenden Weserflüsschen sitzend in der Sonne.

Werner Siepler

Vom Elan zum WLAN

Durch viel Lesen mit Begeisterung,
der Mensch sich früher schlau machte
und mit seinem unbändigen Schwung,
meist eine Menge vollbrachte.

Heute er schnell ins Internet schaut,
wirft eine Suchmaschine an,
den Netzwerken grenzenlos vertraut,
im Nu alles erfahren kann.

Mit ein paar Klicks er alles erfährt,
der PC ersetzt seinen Grips,
ihm wichtiges Wissen sofort lehrt
und gibt dazu fachliche Tipps.

Elan ist nicht mehr seine Stärke,
er hat einen anderen Plan,
geht heute ganz anders zu Werke,
surft im Internet mit WLAN.

Werner Siepler

Der Posaunist

Ein Mensch mit wechselnder Laune,
spielt mit Vorliebe Posaune.
Ist er dann an manchen Tagen,
traurig und niedergeschlagen,
auf einen bestimmten Sound schwört,
den man ihn kräftig blasen hört
und so als Posaunensolist,
ein echter Trübsalbläser ist.

Werner Siepler

Schenken

Nach einem Geschenk man intensiv sucht,
die Bequemlichkeit überwindet,
den Zeitaufwand ganz gewaltig verflucht,
aber oft nichts passendes findet.

Was passendes zu finden ist gewagt,
denn häufig kommt ein Geschenk nicht an.
Wenn es dem Beschenkten jetzt nicht zusagt,
man schnell ins Fettnäpfchen treten kann.

Man sollte vielleicht mal überdenken,
von dieser Art des Schenkens abgeh´n,
hierfür lieber etwas Zeit verschenken,
für ein gutes Gespräch bereitsteh´n.

Werner Siepler

Schnelle Müdigkeit

Er sprüht keineswegs vor Energie,
ist mitunter etwas prüde,
verfügt über keine Fantasie,
wird hierfür aber schnell müde.

Schon nach jeder kleinen Tätigkeit,
gibt die Müdigkeit keine Ruh´
und schon nach relativ kurzer Zeit,
fallen ihm beide Augen zu.

Nun hat er einen Arzt konsultiert,
zwecks genauer Diagnose,
der Arzt, medizinisch topp versiert,
tippte auf eine Psychose.

Der Grund hierfür wurde nun erkannt,
er ist aber keine Ente,
somit liegt eindeutig auf der Hand,
Schuld sind schlummernde Talente.

Werner Siepler

Einzufriedener Mensch

Zu den zufriedenen Menschen er zählt,
nimmt immer alles gelassen hin,
ist ausgeglichen, an nichts es ihm fehlt,
das Leben hat für ihn einen Sinn.

Sogar wenn es viel regnet, er sich freut,
was schon verwundert und irritiert,
zumal so mancher Mensch den Regen scheut,
diese Freude nicht verstanden wird.

Doch die Freude für ihn normal ist,
deshalb die gute Laune nicht bereut
und weiß letztendlich als Realist,
dass es auch regnet, wenn er sich nicht freut.

Grete Ruile

Enges Verbundensein

Oft sagst Du zu mir:

„Ich liebe Dich!"

Magische Worte mit gefühlvoller Melodie.
Mein Herz küsst Du damit,
nicht nur meinen Mund.

Grete Ruile

Liebesfaszination

Du bist anziehend für mich
bezaubernd
entzückend
anregend und bestrickend
Du umgarnst mich!
Dir gehört meine ganze Zuneigung.

Grete Ruile

Die Liebesfalle

Du musst keine Falle aufstellen,
deine Liebe zu mir,
sie hat mich eingefangen.

Grete Ruile

Ein ungewöhnliches Geschenk

Ich schenke dir meine Gefühle,
das zärtliche „Du".
Du darfst mir vertrauen,
kannst auf mich bauen.
Lass uns zusammen weinen und lachen,
die Zukunft weiterhin
freudvoller machen.

Dieter Geißler

Glauben verloren

Ich habe den Glauben verloren,
an eine friedliche Welt,
an die Menschheit, die sich selbst zerstört,
an die Politik, die uns von Demokratie erzählt,
an die Politiker, die nur versprechen,
aber nur an sich denken,
an die Völker dieser Erde, die sich gegenseitig töten,
an die Religionen, die Fanatiker erzeugen,
an die Medien, die nicht neutral bleiben,
an die Unternehmen, die andere verleumden,
aber den Profit einstreichen,
an die Menschen, die sich gegenseitig mobben,
und keine Ruhe geben.

Ich habe den Glauben verloren,
aber ich wehre mich.
Einen Funken Glaube habe ich,
das ist die Hoffnung,
an die glaube ich.

Dieter Geißler

Schneesterne

Schneesterne fallen hernieder,
jedes ein Unikat,
zart und zerbrechlich,
in frostiger Luft geformt.

Sanft tänzeln sie zur Erde,
anmutig und schön,
alleine können sie nicht bestehen,
erst gemeinsam sind sie Schnee.

Dieter Geißler

Darf ich...

Darf ich sprechen,
    wenn andere schweigen?
Darf ich sehen,
    wenn andere davor die Augen verschließen?
Darf ich zweifeln,
    wenn ich anderer Meinung bin?
Darf ich schreiben,
    wenn es andere nicht tun?
Darf ich Fragen,
    wenn ich etwas nicht verstehe?
Darf ich Verachtung zeigen,
    wenn andere Verachtung verdienen?
Darf ich mich wehren,
    wenn man mich verleumdet?
Darf ich Angst haben,
    wenn ich mich fürchte?
Darf ich weinen,
    wenn ich traurig bin?

Ja, ich darf das,
    aber tue ich es auch!?

Dieter Geißler

Stille

Still
Es ist ganz still

Hörst du das Rauschen der Bäume?
Nein, ich höre es nicht.
Vernimmst du das Zwitschern der Vögel?
Nein, ich höre keinen Laut.
Riechst du die Blumen im Garten?
Nein, ich rieche nichts.
Spürst du die Wärme der Sonne?
Nein, mir ist es so kalt.
Siehst du das Licht am Himmel?
Nein, es ist nur dunkel.
Was kannst du dann hören, spüren, sehen?
Nichts. Nur ewige Stille.
Warum nur Stille?
Es gibt keine Erde mehr.
Was ist geschehen?
Die Menschen haben sie zerstört.

Still
Es ist ganz still
Ein Geräusch
Ich öffne die Augen
Die Sonne blendet
Es war ein Traum
Nur ein Traum!?

Dieter Geißler

Ich wollte...

ich wäre erfahren,
    erfahren – wie alt ich bin
ich wäre mutig,
    mutig – beherzt das Leben anzugehen
ich wäre furchtlos,
    furchtlos – das Ende des Tunnels zu erreichen
ich wäre zuversichtlich,
    zuversichtlich – positiv in die Zukunft zu sehen
ich wäre stark,
    stark – jeden Sturm zu bezwingen
ich wäre vollkommen,
    vollkommen – nie Fehler zu begehen
ich wäre frei,
    frei – wirklich meine Meinung zu äußern
ich wäre gläubig,
    gläubig – meine Seele zu reinigen
ich bin klug,
    klug genug – das ich das nicht kann,
        vielleicht bin ich zu dumm dazu

Elena Zardy

Tausend Tage

Tausend Tage Traurigkeit
    ein Meer von Tränen
              an die Zeit.

Tausend Tage Seligkeit
     bleiben mir Erinnerung
           von ungezählten Jahren.

Elena Zardy

Ganz gewiss nur du

In deinen Augen zarter Glanz,
tiefe Lichter,
Sternentanz.
Hände, die mich schützend halten,
kühn und warm zugleich,
unsere Träume still verwalten.
Ganz gewiss nur du.

In deiner Stimme liegt Gefühl,
Worte, die ich will verstehen.
Pläne, die mich glücklich heißen,
Arme, die mich an sich reißen,
Hoffnung auf ein Wiedersehen.
Ganz gewiss nur du.

Elena Zardy

Nur der Himmel

Nur der Himmel kennt dein Sehnen
breitet sich schützend über dich
meint der Worte Engelsflügel
und den Wunsch, erkenne mich.

Nur der Himmel sieht dein Staunen
immer neu am Lebensglück
rauscht der Wind mit leisem Raunen
schaust du sehnsuchtsvoll zurück.

Elena Zardy

Ein anderer Ort zum Träumen

Ein jeder Blick
ein schweres Beben
und jedes Wort,
das stolpernd inne hält
und jeder Herzschlag
lässt die Luft vibrieren
und jeder Blick
fast den Verstand verliert
und deine Hand
bei mir
sich wiederfindet
und alle Sehnsucht,
die uns träumend bindet.

Elena Zardy

Du

Du bist die Stimme meines Herzens,
viel Haut, die auf mir brennt,
du bist der Liebe steter Schmerzen
wie glühende Sonne,
die versengt.
Du bist der Wunsch in meinen Augen,
die Hoffnung auf ein großes Glück,
gelebter Traum
an diesem Morgen,
kein Denken mehr
und kein Zurück.

Elena Zardy

Eiszeit

Meine Haut verbrannte
und du schautest zu.
Kurzschluss im Herzen,
unendliche Schmerzen.
In Träumen verlor ich mich
und du schautest zu.
Kurz vor dem Abgrund
hielt ich mich
meine Liebe gefror
zu ewigem Eis.

Elena Zardy

Verlassen

Ich verließ dich in strömendem Regen,
eine einzige Rose in der Hand,
so musste ich gehen,
obwohl uns alles verband.

Ich verließ dich ohne mein Herz,
in trauriger, dunkler Gestalt,
Tränen aus Gold und verletzte Schatten,
zurück bleibt seliger Schmerz.

Elena Zardy

Möcht` ich des Himmels Adler sein

Möcht` ich des Himmels Adler sein
ein Stern in deinen Augen
des Tages heller Sonnenschein
und mich am Wiedersehn erfreu`n.

Werd` ich des Mondes Zeuge sein
dem Himmel Gesten bringen
den Sternen fiebernd zuzuschauen
und mit dir Lebenszeit verbringen.

Elena Zardy

Für dich lass ich die Sterne schweben

Für dich lass ich die Sterne schweben
funkelnder Zauber überall
für dich dürfen süße Klänge sich erheben
lass uns träumen wieder mal
für dich zünd` ich tausend Kerzen an
warme Lichter um uns her
süßer, kehliger Gesang
Sterne fallen sanft ins Meer.

Andreas Blessing

Nordlicht

endlos dämmernde tageszeit
fühle ich das leben fern
und tief in mir ist einsamkeit
wie auf einem andern stern

bemerke ich das nordlicht nicht
ganz eingehüllt in schnee
wenn es durch das dunkel bricht
und ich nur schatten seh

Joachim Gräber

APOXYOMENOS

Der Kampf liegt hinter ihm. Er hat gewonnen.
Doch nicht in Siegespose, wie gehabt,
schuf ihn der Meister, sondern still, versonnen,
wie Staub und Schweiß er von den Armen schabt.

Um Körperpflege, ganz banal, es geht;
indes erblickt durch eine neue Brille,
wenn in der Kunst gezeigt wird ein Athlet,
der nach der Leistung Einkehr hält in Stille.

Gleichwohl im Innern ist nicht wirklich Ruh.
Denn sichtlich Antrieb die Figur bewegt
vom Spielbein und den Armen her. Dazu

der Blick; den Fokus, scheint es, schon gerichtet
auf das nächste Ziel. Matt und doch erregt,
Balance sich ideal im Werk verdichtet.

Joachim Gräber

QUESTA o. QUELLA?

Hat jeder unter all den Aphroditen,
die, marmorn, in Museen er mal sah,
vom Typ her sicher seine Favoriten,
sei´s kallipygos oder pudica.

So denn die eine mit koketter Lust
gekonnt verdreht auf ihren Hintern blickt,
die andre, keusch verbergend Schoß und Brust,
uns zeigt, was sich für wahre Damen schickt.

Wie sie noch weitre Anadyomenen,
die, Knidos oder Medici genannt,
erfüllten Bildungsbürger einst mit Sehnen,

als auf der Grand Tour Mann durchzog das Land.
Ob rührte auch die Volksausgabe sie,
wie mich das Weib im Bus nach Empoli?

Joachim Gräber

DISKOBOL DES MYRON

Kein Chronist nennt das Jahr, da ihn sein Meister schuf.
Diskobol im Vollzug, darstellend ein Prinzip.
Ausgleich konträrer Kräfte,
zeitlos gültig als Ideal.

Wenn für Leistung nur mehr Biomechanik zählt,
deine Technik, Athlet, heute im Sport nicht taugt;
sie bereits beim Anschwung
den Erkenntnissen nicht entspricht.

Dennoch ist der Moment, vorbereitend den Wurf,
wie der Künstler ihn sieht, sachlich korrekt erfasst;
Spannung geht durch den Körper,
Ruhe sicheren Stand gewährt.

Auch liegt, Myron, ein Wert deiner Skulptur darin,
dass sie jemanden zeigt, der, noch kein Spezialist,
eher schlank wirkt und so dem
Typ des Mehrkämpfers nahe kommt.

Unbekleidet er ist; Träger noch nicht des Trikots,
das man heute zerreißt, feiernd den großen Sieg.
Auch der Körper textilem
Werbezweck als Plakat nicht dient.

Mit dem Lauf und dem Sprung Kernbewerb war der Wurf.
Primitiv das Gerät, weil im Gebrauch ein Stein,
den, in Form einer Scheibe,
ungenormt noch, man hat benutzt.

Aufwand jedweder Art längst schon den Rahmen sprengt.
Ob zur Frühzeit zurück drehen zu wär´ das Rad?
Überflüssige Frage;
wer schon hätte das ernsthaft vor!

Eine Grundrevision sich immerhin empfiehlt,
wenn das richtige Maß, Schönheit in schlichter Form,
droht im Wust zu versinken;
uns die Statue dieses sagt.

Joachim Gräber

DER FREISCHÜTZ

Wie war die Klientel ihm doch gewogen!
Mit Jägerchor und Jungfernkranz er galt,
schon weil die Hauptperson der deutsche Wald,
als nationale Oper. Bilderbogen

Romantik pur, von Grusel schön durchzogen,
wenn Unheil sich im Bass zusammenballt
und in der Wolfsschlucht schaurig widerhallt
die Stimme Samiels. Doch arg verlogen

das manchem scheint. Regie von heute nimmt
Idylle provokant sich gern zur Brust,
erdrückt mit multimedialer Lust

ein Werk, die Lesart auf Klischees getrimmt.
Wo Selbstdarstellung ihre Triebe treibt,
Thalia waidwund auf der Strecke bleibt.

Joachim Gräber

HEIMSUCHUNG

So manches Übel gibt´s, das anfangs stört
und später toleriert wird durch Gewöhnung;
nicht aber Techniksound dazu gehört,
berieselnd, oder auch in voller Dröhnung.

Musik nonstop mich ungewollt beschallt;
sie beim Discounter, weichgespült, belämmert,
im Fitnessstudio verübt Gewalt,
wenn aufs Gehirn brutal der Beat einhämmert.

Und auch vom Nachbarn werd´ ich heimgesucht:
wenn jäh der Sauger röhrt, der Laub verpustet,
noch übertönt den Lärm der Einflugschneise.

Hab´ zum Entfliehen mal das Meer gebucht.
Der Ort, ganz schön, mir nachts um drei was hustet
mit Discoklängen ganz und gar nicht leise.

K. U. Robert Berrer

Zweifelsfragen

Sag, Shih Huang-ti, Erbauer
Chinas großer Abwehrmauer,
was gewährtest Du als Lohn
für die sklavenhafte Fron?

Sag mir, Nero, welcher Wahn
fiel Dir Geist und Glieder an,
dass Du als Cäsarensohn
Christen verbranntest - und Rom?

Sag, Niccolo aus Florenz,
war „Der Fürst" die Quintessenz
einer langen Reflexion
oder zu Gefall'n dem Thron?

Sag mir, was nur Robespierre
veränderte Dich so sehr,
dass Du, frei und gleich zum Hohn,
köpfen ließt Bruder Danton?

Schließlich Adolf, sag mir, was
schürte Deinen Judenhass,
dass Millionen um Million
sterben mussten beim Pogrom?

Sind wir wirklich Gottes Kinder?
Alle, auch die schwersten Sünder?
So sagt es die Religion
die es sicher weiß. Obschon ...

Betti Fichtl

Abschied

Deine Aura
strahlt mich an
und zupft
über selten
geschlagene Saiten.

Verzückt
lausche ich
dem Takten
einen Zeitweg lang.

Du begegnest mir
nicht mehr
und die Akkorde
stimmen mich leer
der Erinnerungsmusik.

Betti Fichtl

Gelassenheit

Ein Mäntelchen
legt
die Gelassenheit
um die Seele
zum Schutz.

Die Spitzen
und Pfeile
des Alltags
treffen
jedoch
sie verletzen nicht.

Betti Fichtl

Liebe

Schmeichelnde Musik
wirft Zauber
in das
Lampenschattenlicht

Krönt
die Augenblicke
mit Glücksgefühl
in der
tönenden Stille.

Nur ich und Du
in einem
kleinen All.

Betti Fichtl

Glück

Ein Paradiesvogel
flog heran
weitet
die prächtigen Flügel
und trägt
das Glück.

Es wirft
Goldschatten
auf die Stunden
und sie sind Wunder.

Entfliehende nur
mit dem
Schwingenschlag.

Susanne Rzymbowski

Tränen von Wehmut
füllen mein Herz
in der Fremde
die mir so nah
vom Lachen der Schwere
verborgenem Gesicht
das beflügelnd der Sehnsucht
trutzender Traulichkeit
wie wild schlägt

Susanne Rzymbowski

Fischernetze
schwimmen im Wasser
an schwankenden Bojen
die rot
und fangen
das Leben
das strampelnd
in der Verschlingung
erlischt
und im Takt der Fluten
sich wiegt
als Flechtwerk der Gezeiten

Susanne Rzymbowski

Fieberhaft
die Suche nach Vollkommenheit
am Thermometer der Balance
das steigt und fällt
im Niederschlag
von Sinnlosigkeit
die sich quecksilbrig zeigt
im Maß der Dinge

Susanne Rzymbowski

Ein Dromedar auf Reisen
den Höcker schwer bepackt
im Sand durch Dünen gleitet
vierbeinig Wüstenschiff
so unbekannt ihm Dürre
die seine Heimat ist
im Pfade seines Weges
der Insel seines Ichs
von Sonnenlicht durchflutet
die Spuren seines Gangs
in die bekannte Weite
des einsam Steppenland

100

Susanne Rzymbowski

Ich lass einen Drachen steigen
so hoch es nur geht
in die Lüfte
die blau
bis zum Wolkenweiß
in meinem Verlangen
des Fernwehs
das am flatternden Band
gehalten
voll bunter Schleifen ist

Susanne Rzymbowski

Gewachsen
im Rascheln der Sehnsucht
die durch die Gräser zieht
sich im Wind wiegend
der leise streichelt
das verborgene Glück
im Kummer von Tränen
die hauchdünn
den Blick schärfen
für die Wunder der Welt

Susanne Rzymbowski

Ich badete mit einem Elefanten
im Meer der Möglichkeiten
im Strudel von Harmonie
rüsselnd der Schwerelosigkeit
und tauchte bis zum Grund
seiner Beine
die schwebten
im Wasser wie Fels
der getragen
so leicht war sein Gang

Susanne Rzymbowski

Verzehrt mich
das Essen
im Sehnen nach Nahrung
der Liebe Gehalt
als Kreutz nur
das Hoffnung
im Totenkleid

Beate Ostoiki

Kopflos und doch sehend

Mein Kopf ist weg, ich sehe Licht,
das gibt's doch nicht!
Schwerelos gleite ich dahin,
hab nur noch meinen Geist und meinen Sinn.

Hell, hell, überall hell,
doch nicht grell.
Das Licht schimmert rosa-violett,
umhüllte das ganze Bett.

Es ist angenehm warm,
streicht geschichtet über mein Arm.
Ich komme aus dem Staunen nicht mehr raus,
für diese Welt gibt es nur noch Applaus.

Beate Ostoiki

Auf die Natur gebt acht

Die Natur hat Gesichter ganz groß,
was ist denn hier los.
Steine und Pflanzen haben Augen und Mund,
tun sie uns etwas kund.

Ein Flüstern im Wind,
für Vater, Mutter und Kind.
Auf die Natur gebt acht,
sie leidet am Tag und in der Nacht.

Beate Ostoiki

I like Leipzig

Leipzig ist toll,
die Straßen mit Menschen voll.
Hier ist eine Stadt von Welt,
Schönheit, Anmut, Bach ein Held.

I like Leipzig.

Leipzig hat Stil,
Kultur und gute Musik viel.
Die Leute sind nett,
singen mal ein Solo, mal ein Duett.

I like Leipzig.

Hier und da kann man gut essen,
seine Sorgen vergessen.
Im Zentrum gibt es viel Natur,
die Peterskirche braucht eine Kur.

I like Leipzig, Leipzig is wonderful!

Beate Ostoiki

Komme von Planet Soundso

Komme von Planet Soundso,
wollte fragen, bin hier wo?
Wurde zur Erde abgesandt,
soll schauen, wer mit uns ist verwandt.

War erst auf dem Mond,
aber da hat keiner gewohnt.
Der Mond schickte mich zur Sonne,
welch eine Wonne.

Hier war es heiß,
mein hübscher Körper voller Schweiß.
Ist das nun die Erde, ja?
Endlich, sende an Planet Soundso, bin da!

Beate Ostoiki

Auf dem Dachboden

Auf dem Dachboden geht es lustig her,
scheinen Verwandte zu sein, von Familie Schmer.
Sie haben sich viel zu erzählen,
wollten Anton mit Susi vermählen.

Doch die Zwei hatten Streit,
waren noch nicht so weit.
Schade, hat da oben ein Geist verlesen,
wäre eine schöne Hochzeit gewesen.

Beate Ostoiki

Wie heißt dieser Planet

Wie heißt dieser Planet,
er kommt und geht.
Ist ein Leben dort möglich,
fragt man sich.
Gibt es da Wasser zum Trinken,
werden uns Außerirdische winken.
Was gibt es auf diesem Planeten,
kommt man hin durch Beten.
Kann man dort Schulen und Theater bauen,
reicht wirklich Gottvertrauen.

Beate Ostoiki

Abenteuerschamanin

Im Jenseits ist es schwerelos und schön,
man kann durch Wände geh´n.
Mein Arbeitsraum ist rund,
die Bilder bunt.

Draußen rechts ist ein See mit Zaun,
ich bin am Stau´n.
Ringsum im Raum große Fenster sind,
vorbei schaut grad mein erstes Kind.

Beate Ostoiki

Mein Mittwoch

Wurde an einem Mittwoch geboren,
die Sonne hatte schon einige Strahlen verloren.

Hab nicht immer auf mein Bauch gehört,
dies hat mich selbst gestört.

Befinde mich in der Mitte, wie in der Woche der Tag,
Sterne, Kunst und Heilen ich mag.

Beate Ostoiki

Was ist ein Engel

Was ist ein Engel, wie ist seine Substanz,
ist er vollkommen, wirklich ganz.
So kann ein Engel aussehen,
wer das noch nicht erlebt hat, kann´s nicht verstehen.
Hier fehlen Körper und Beine,
wie schafft er bloß alles alleine.
Er könnte auch ohne Hände greifen
und in Sekundenschnelle durch´s Weltall schweifen.

Beate Ostoiki

Frieden für Alle

Frieden für Alle wäre schön,
Frieden für Alle müsste geh´n,
Frieden für Alle sollte man säen,
Frieden für Alle, dann könnte man Frieden ernten geh´n.

Beate Ostoiki

GOTT lässt sich nicht messen

GOTT lässt sich nicht messen,
auch nicht in eine Formel pressen.
ER ist schön,
nicht für alle zu seh´n.

Mal schimmert er rosa-violett,
dann sitzt ER am Anfang vom Bett.
ER raunend spricht,
hat mal dieses, mal jenes Gesicht.

Seine Form ist fließend,
sich ins Unendliche ergießend.
Einmal mit IHM verbunden,
lässt sich so Manches erkunden.

Im Universum gibt es so viel Leben,
es ist toll, sich aus dem Körper zu erheben.
Was für eine Freude, welch ein Glück,
ich will nicht zurück.

Aber ich muss,
von mir einen schönen Gruß.

Beate Ostoiki

Engel

Engel, wer sieht sie, wer sieht sie nicht,
schreibe mit ihnen so manches Gedicht.
Sie kommen aus dem Nichts und aus dem Rauch,
haben manchmal ein Kopf, manchmal ein Bauch.

Dann wieder im Gesicht nur ein Mund,
tuen immer Gutes kund.
Es knackt und knistert,
raunt und wispert.

Qualm dringt durch alle Ritzen,
trotz Kälte kommt man in ihrer Nähe ins Schwitzen.
Das Leuchten der GÖTTLICHEN Wesen ist unglaublich,
man braucht keinen Strom, keine Lampe, das sehe ich.

Beate Ostoiki

Regentropfen

Viele Regentropfen,
heut ans Fenster klopfen.
Der Himmel ist grau,
die Lippen vor Kälte blau.

Es ist ziemlich ungemütlich,
aber Bäume, Rasen und Blumen freuen sich.
Die Natur braucht eben Wasser zum Leben,
sonst würde es nichts Grünes geben.

Beate Ostoiki

Liebe heilt

Liebe heilt,
hab mich beim Malen beeilt.
Liebe öffnet Herzen
und lindert Schmerzen.
Liebe bringt Frieden und Glück,
Stück für Stück.

Beate Ostoiki

Schutzengel

Schutzengel gibt es viele,
ernst und auch beim Spiele.
Manche haben ein Gesicht,
andere sieht man nicht.
Man kann sie fühlen und hören,
diese niemals bei der Arbeit stören.

Beate Ostoiki

Ein Gruß aus der Ferne

Ein Gruß aus der Ferne,
zwei Augen zeigen sich zwischen Haus und Sterne.
Sie sagt, sie sei gesund gewesen,
man hatte falsche Befunde gelesen.
Aber nun ist alles gut,
ich soll Anderen machen Mut.

Ingrid Mundil

Ich wünsche dir …

Ich wünsche dir ein Haus
darin zu wohnen,
dich zur Ruhe zu legen
geschützt vor der Kälte der Nacht.

Ich wünsche dir einen Baum
in seinem Schatten zu träumen,
dich in seiner Schönheit zu verlieren
mit dem Gesang der Vögel über dir.

Ich wünsche dir einen Liebsten
Freude und Leid mit ihm zu teilen,
dich an ihn zu verschenken
im ewigen Wagnis des Lebens.

Ich wünsche dir einen Gott
dich zu behüten,
deinen Leben Sinn und Ziel zu geben,
Haus und Baum und Liebsten zu segnen.

Schöner als je zuvor

Nächstenliebe, Hilfsbereitschaft, Mut
davor zieh'n wir uns'ren Hut.
Kommt es jedoch hart auf hart,
ist es gar nicht uns're Art
diese Tugend selbst zu zeigen,
tanzen lieber einen Reigen.

Traurig ist es anzuseh'n
wie wir vor die Hunde geh'n.
Schauen links und rechts um uns herum,
sind keinesfalles selbst so dumm
uns einzumischen, aufzusteh'n
und irgendwo dazwischenzugeh'n.

Das macht wer andrer, nur nicht ich
denken wir - wie widerlich! -
sind wir wirklich so geworden?
Feige, mutlos und verborgen?
Man sieht jemand, der am Boden liegt
und selbst dann noch Tritte kriegt.

Helfen? Ich? Gar nie! Niemals!
Dann hab ich die Schläger am Hals!
Hab keine Angst und hilf! Mein Freund.
Gemeinsam können wir - vereint! -
der Hilfsbereitschaft öffnen Tür und Tor
und das Leben wird sein schöner als je zuvor.

Ronny Gempe

Noten im Wind

Schau auf zum
Himmel
Sieh, unsre Stimmen
verschwinden
Die Stille im Rauch
Hoch
Ein schweigend Gebet
Stampft tobende Welt
Entfesselt
In klagendem Winter
Was einstiges Leben
Ein Nachklang
Zerlodert
zu Staub
Doch naht die Zeit
Gebettet
Auf Flügeln der
Freiheit
Ist die Geschichte
unserer Richter Gericht

Und wir sind Ewigkeit
Friede
Sind Kinder
Im Glanze des Lichts
Tanzend Noten
im Wind

Ronny Gempe

Seenacht

Wir reiten den Wind
Durchbrechen der Wellen Krone
Lauschen singenden Seelen
Der Tiefe
Dem endlosen Blau
Peitscht schäumende Gischt
Wie Rufe der Sehnsucht
Klingt in Verheißung
Ein Raunen ums Schiff
Stürmt unsere Hoffnung auf
Flatternden Segeln
Kämpft donnernder Reigen
Auf ächzend Gebälk
Ja, wir reiten den Wind
In brausendem Toben
Geleiten den Nordstern
Die Ferne
Die Welt

Bis einst erobert
Ihr rauschendes Wogen
Ist das Salz einer Träne
Die See
Meine Liebe zu ihr

Marko Ferst

Kasan

Ganz in weiß
stattlich fast uneinnehmbar
Kremlmauern
auf den Türmen
goldner Halbmond und Sowjetstern
der Regierungssitz
inmitten von Baustellen
bald neu eröffnet
mit taubenblauen Dächern und Spitzen
eine Moschee
noch weißer bei Mittagssonne
vollendet bei Schnee

Den Weg weisen
darf Lenin noch
granitrot gegenüber dem Theater
alte Banner nirgends mehr
Puschkin residiert
näher beim Publikum
aus Jewtuschenkos Gedichtband
die Universität ist aufzufinden
auch hier die Säulen weiß
im Ausstellungssaal
modelliertes Messing
die Weltzeituhr vom Berliner Alex
Parteigeschenk
„Roter Osten"
heißt jetzt eine Biersorte

Kirchen, viele
bunte Einkaufsmeile
mit islamisch bezifferter Standuhr
Wohnblöcke einer Millionenstadt
dazwischen starren noch Straßenzüge
wie nach Kriegswirren

schräg hinüber
Reichtumsbauten ohne Makel
Wolgawasser teilt die Stadt
getrübter Badespaß
Züge von überall her
auch Passagierschiffe
Richtung Moskau und Kaspisches Meer
gelandet ein Ufohaus
darin Zirkusattraktionen
500 Kilometer ostwärts
beginnt Sibirien

Marko Ferst

Flußdelta

Über unförmige Wasserrinnen
pfeilen Schwanenzüge
wie Herden ziehen
Wildgänse und Enten
zwischen Graureiherstelzen
grellroter Brandgansschnabel
im Okular
auf freigegebenem Flußgrund
Überbleibsel einer Raubtiermahlzeit
im Winter füllt sich das Delta
das Wasser erklimmt
die wenigen Pappeln und Weiden
Grasweiten mutieren
zum Fischdomizil

Marko Ferst

Meinungsfreiheit

Zu keiner Zeit
paßte den Herrschaften
wie lange wird man
noch sagen dürfen?
wer wird offen oder verdeckt?
es wird geschehen sein
sie dachten Geldgier
wäre wirklich demokratisch

Frei ist nur die Sucht
sich das Terrain zurückzuholen
die Speicher zu füllen
andere Meinungen stören nur
sie hatten das einfach
prinzipiell falsch verstanden
schon immer wollten wir nur
eine bestimmte Meinung
frei geben

Sind wir nicht vorgewarnt?
man stellt sich das besser
nicht so genau vor
sind wir nicht doch sicher?
immer diese vielen Grautöne
wozu überhaupt etwas zensieren
sagen wir überhaupt etwas
was sich noch lohnte
verboten zu werden?

Marko Ferst

Kra-Kra-Kra

Walnüsse gibt es in Fülle
doch wie kommt man
an die Leckerei
unter ihrer Hülle?
schwarzbefedert gerät leider man
leicht ins Hintertreffen dann
Nußknacker können wir nicht bedienen
doch sehen Sie betret'ne Mienen?

Schlaue Rabenvögel wie wir sind
tragen im Schnabel fort geschwind
die guten Stücken
klack - immer wieder - klack
aus luftiger Höh
schlägt auf die Schalenfrucht
und zack - zwei Hälften

Nun ist der Krähentisch gedeckt
und da die Nuß gut schmeckt
wird Nachschub schnell besorgt
zuweilen stört das Blechmobil
es fährt zu Matsch das schöne Ziel
ihr Leute schert euch weg,
das ist jetzt unser Fressensfleck!
kra, kra!

Marko Ferst

Ein neues System

Noch einmal Sehen lernen
erneut von vorn beginnen
ihren Lauf bereiten
sie ganz still
spät schlagen Türme Alarm
es gibt kaum etwas zu verlieren
das nicht schon verloren ist

Ein anderes System
kein Börsentor, kein roter Stern
ein gänzlich neues Fundament
von Geist und Revolution
hinaus aus all den Pfaden
die nur bestätigen können
der Untergang ist nicht aufzuhalten

Die künftigen Sphären
nicht nur erahnen
stellen wir die Weichen
zwischen allem Scheitern
das uns ohnehin droht
nichts ist so fest
das jede Hoffnung fehlgehen muß

Es ist uns aufgetragen
etwas zu bewahren
von der Freiheit
die uns zerrinnt
Abschied nehmen
von den vielen süßen Giften
dem Unersättlichem
wir sind gemeint

Eine neue Kultur zeugen
nicht blau in den Himmel gestellt
ein Aufstand gegen das Sterben
Quellen aus anderem Horizont
ein Haus in dem sich wohnen läßt
offen und warm

Marko Ferst

Schwarze Ampel

Wo liegt Jamaika?
Zirkus Politikus
die sind schon ganz heiter
Planung Maximus
Musik, Strand und Sonne
Schwarz, Gelb und Grün
wird superschnell abblüh'n
Flaggenzauber
mit der fragilen Umweltpartei
ist es dann endgültig vorbei
Grabgesänge
belaßt den extrem Neoliberalen
ihre koalitionären Qualen
sie haben es verdient
versprecht nicht grünen Klee
Urlaub in der Südsee

Marko Ferst

Szenario der Macht

Schachspiel
auf blutigen Quadraten
der Fernseher gebiert Megafone
gezinkte Worte
Mißgeburten
vom Adler
mit totalitärem Doppelkopf
die Nachbarin liegt
im Vorgarten erschossen
ein anderer flüchtet
in Hausschuhen
am Ende ist es egal
wer dein Haus
in Trümmer donnert
die ukrainische Wirtschaft
wie nach einem Infarkt
russische Panzerspuren
lange Kolonnen
der westliche Grenzübertritt
erzwingt die Geschosse
aus Kiewer Vorräten
Familien reißt es entzwei
am Abgrund der Worte

Wieviel Opfer ist sie wert
eine Enklave, ostukrainisch?
Warum fertigt der Nachbar
daraus Zündmaterial
für die Silhouette der Heimat
und doppelte Standards
von vermeintlicher
westlicher Verschwörung?
Zeichnet dieser Geist nicht
von eigener Entgleisung
im Land der großen Maße?

die Lüge treibt unentwegt
neue Keile und Symbole
der Geheimdienst
nietet die Koordinaten
der Macht

Weißrussische Diplomatennächte
legen immer neue Papierwege
gegen die schwelende Lunte
die enden könnte
unvorhersehbare Stationen
zum dritten Weltkrieg
Hollande und Merkel
pokern ohne
militärisches Geleit
für Siege der kleinen Vernunft
gegen neue eingebrochne Brücken
florierendes Handwerk beim Sargbau
Landzugänge zur Krim
und neurussische Träume
Richtung Odessa und weiter

Doch der Brandstifter
aus Moskau
freut sich klammheimlich:
sie tanzen alle
nach seiner Pfeife

Marko Ferst

Öland

Hellgraue
Sommernächte
Sandstein, Schiefer, Kalkgestein
hunderte Windmühlen
im Miniformat
Heidewelt
Buckelbrücke mit langem Rüssel
über sechs Kilometer
nachts beleuchtet

Steinwallzäune durchziehen
baumkarges Grasland
getrockneter Kuhdung
in Weidewäldern
hier ist das Schaf zu Hause
der Elch nur selten

Rotbraun mit weiß,
gelbweiß, grauweiß
wie Holzhäuser
überall in Schweden
auch Steingebautes
Rehe zu sehen
vom Frühstückstisch aus

Land der Rundburgen
Kinder zielen mit Pfeil und Bogen
Strohmatte mit Kreisen
Schweine und Schwalben
im Dorf hinter Mauern
graue Steinwände mit Schilfdach
so wie einst vor langer Zeit

Wie Wale strecken sich
Rundfelsen aus Wellen
über hundert Kilometer
von Spitze zu Spitze
vom langen Erik zum langen Jan
Leuchtzeichen für Schiffe

Mächtige Mauern
die Brandgeloder widerstanden
wehrhaft angelegt
das Borgholmer Schloß
doch nach Süden
rückte die Grenze
zu Dänemark
und neue Zeiten kamen
es blieb eine Ruine
nebenan Solliden-Villa
königliche Sommerresidenz
Ostseeblick
mit Park

Nicht überall
ist Festland zu sehen
wie von Geisterhand
tauchen nachts manchmal
verstreute Lichter auf
vom anderen Ufer
und schwinden wieder

Marko Ferst

Hexenstand in Prag

Ein Händeklatschen
schon zickerte und lachte
die ganze hutversorgte Schar
rote Augen glühten
grauhaarig
die Alten

Nach längerem Rätseln
entschied ich
für eine braun-goldene
mit schwarzen Rockstücken
die grünglänzende
war nur knapp unterlegen
unter den Hakennasigen

Nun treibt sie gelegentlich
Spektakel für die Kinder

Marko Ferst

Herbstbögen

In unzähligen Keilen
stürmen sie zum Ziel
ein riesiger Wirbel
über dem weiten Schilfsee
für ein paar Tage
herbstliches Quartier
der Blessgänse

Gespannt
schwarze, federleichte Netze
in den Fadenbeuteln
verfangen sich Bartmeisen
andere kleine Flieger
gesammelt in weißen Säckchen
gelistet wird ihr Zustand
ein winziger Ring verknüpft
in die kleine Tütenwaage kopfüber
und ab geht es
auf eigenen Flügeln

Beringte Funde
bei verschiedenen Vögeln
weisen auf
weit entfernte Landschaften
Züge über viele Grenzen hinweg
und wo Bestände wachsen
oder den roten Listen
letzte Flugkünste folgen
Farben und Gesänge
hinter den Horizonten
verlöschen

Anna Roth

Mama

Mama –
war mein erstes Wort,
Du warst bei mir –
immerfort.

Mama –
ich wusste,
Du gehst mit mir den Weg,
Du stehst zu mir,
auch wenn ich gefehlt.

Mama –
schon längst
geh' ich den Weg allein,
doch fühl ich's gewiss,
Du wirst immer bei mir sein.

Dein Wort
klingt leise nach in mir –
steh' ich am Grab:
„Ich bin doch bei Dir."

Anna Roth

Weihnacht

Oh, Du schöne Weihnachtszeit,
hell erleuchtet weit und breit
sind die Häuser in der Nacht.

Plätzchenduft liegt in der Luft
und ein Schweigen füllt den Raum
mit einem sanften Lächeln.

Das Geheimnis hüllt uns ein;
kleine Päckchen hübsch verpackt
schauen liebevoll und fein.

Glücklich strahlen Kinderaugen
träumend von der Heiligen Nacht,
ob der Mond am Himmel wacht?

Ihre kleinen Herzen brennen
und die Sehnsucht macht sich breit,
bis es endlich ist soweit.

Oh, Du schönste Weihnachtszeit
schenkst Erinnerung und Freude,
machst die Herzen weit.

Anna Roth

Mit der Liebe durch den Tod

Alles ist dunkel –
Du bist fort.
Ich kann nicht beschreiben
den geheimnisvollen Ort,
an dem Du nun weilst.

Ich fühle die Leere,
die mich umgibt.
Aber ich fühle auch,
ich habe geliebt.

Und ich fühle jetzt
Du bist mir nah;
bist gar nicht weg,
bist immer noch da.

Kann Liebe sterben durch den Tod?
Hat sie ein Ende – es ist die Not
Dich für immer zu verlieren,
Dich abzugeben – Dich heimzuführen
zu ihm – statt zu mir.

Oder – schenkt er Dich mir
in Liebe zurück,
weil Liebe nicht stirbt den Tod,
weil Liebe –
im Tod zum Leben neu erwacht,

ein Liebesgeschenk von ihm –
für Dich und mich erdacht.

Liebe liebt

Liebe liebt –
sie kann nur lieben.
Sie kann nicht – nicht lieben.

Denn die Liebe
ist ihre Substanz –
ihr Siegeskranz.

Sie lebt –
um zu lieben,
nicht –
um geliebt zu werden.

Sie verschenkt sich –
um zu beschenken,
nicht –
um beschenkt zu werden.

Alles –
was sie tut,
tut sie selbstlos.
Sie verzehrt sich immerfort
an jedem Ort.

Unbegrenzt ist ihre Zeit,
weil Liebe hineinwirkt –
in die Ewigkeit.

Sakura Yuki

Ist es Sünde?

Sag mir bin ich sündig,
bestrafst du mich des Lebens immer zu,
weil ich des Sünden Lust ergangen?

Sag mir ist es Sünde?
Zorn des Körpers zugewandt,
der zerstört das innere Land?

Sag mir ist es Sünde?
Neid zu verspüren auf die Gesunden,
die sich selbst verwunden?

Sag mir ist es Sünde?
zu Begehren den Mann,
der liebt als stehe er im Bann?

Sag mir ist es Sünde?
die Faulheit siegen zu lassen
und sich dabei selbst zu hassen?

Sag mir ist es Sünde?
das Stolz mir sagt,
lächle wenn jemand nach dir fragt?

Sag mir ist es Sünde?
zu Gieren nach mehr,
und sich fühlen dabei so leer?

Sag mir ist es Sünde?
zu völlen wenn man isst,
und dabei seine Manieren vergisst?

Sag mir,
wann habe ich Ruh,
vor deiner Strafe immer zu
gelitten habe ich genug -
Nimm mich mit auf deinen ewigen Flug

Sakura Yuki

Düsternis

Oh selig gute Nacht
bist du weg weil der Tag erwacht

mein geliebte Dunkelheit
wo bist du hin mit all deiner Schönheit
die Helligkeit sie brennt
ein jeder sie liebt sie kennt

meine süße Finsternis
für dich übersteh ich die Sonne
sie ist mein größtes Hindernis
und eine verätzende Wonne

meine verlockende Stille
du sollst über mich richten
dein Wort sei mein Wille
ich erfülle deine Pflichten

Mein strahlender Mond
meine Seele zerspringt
du seist mein Lohn

Mein geliebte Kette
erlöse mich von all den Leid
und gib mir zurück meine Dunkelheit.

Manuela Angelika Rapino

Das Plätzchen „Graf Ole von Beust"

Auf dem Tisch
lagen süße Stückchen
aus Förmchen gestochen,
welche Dir Platz boten
für Kleingeld,
das man Dir anbot
als Kind:
300g Mehl,
flüssiger Süßstoff,
200g Margarine,
1 Ei,
1 Packung Backpulver
(Plätzchenteig)
1 Eigelb,
Blättermandeln
(Glasur)

Manuela Angelika Rapino

Die Rosenpizza der Göttin Rapino

Wie niedlich die Vergangenheit,
die wir hingegeben.
Die liebliche Rosenblüte
lag ihr an der Brust.
Die ruchlose Wissenschaft,
die Blume des Heilands
lag deshalb am Meere und
im blühenden Garten
machte das bloße Leben
die ersten Schritte der Liebe.
Kelch und Ostie blieben
bloße Erinnerungen
der Kindheit.
Die schlanke Vase
voll Rosen
behielt im dämmrigen Zimmer
den Knospenfrieden der Liebe
und die ewige Jugend:
fertiger Pizzateig aus dem Supermarkt,
Tomatensoße,
Rosenblätter,
Salbeiblätter,
Käse,
Öl,
Salz
(Rezept der Rosenpizza)

Manuela Angelika Rapino

Das Rosenomelette der Göttin Rapino

Die Geliebte hatte sich selbst
wach geküßt,
in der weichen Blütenkühle
der Nacht.
Eine vage Träumerei
waren die Studentenjahre,
ein einziger Sturm
der Sehnsucht.
Die Rosen also nur so?
Mit flüchtiger Gier
suchte er Küsse,
mit Blumen
an wogenden Brüsten
der Rosenjünglinge der Stadt:
1 Ei,
Rosenblätter,
Salbeiblätter,
Salz
(Zutaten für das Rosenomelette)

Manuela Angelika Rapino

Das Stück Seife

Der Kleiderschrank der Witwe
sei die Harfensaite im Zimmer;
der Diamant der Seife sei
der Körper der Liebe.
Das Gesicht nutze
das heilende Stück Seife
mit baumwollnem Waschlappen.
Süßer waren deshalb die
Stunden der Liebenden.

Manuela Angelika Rapino

Der Olivenhain des christlichen Königs ‚Graaf-Follikel'

Noch weilt Gottes schützende Hand
über Psychens Grün, Meerens Frau;
die Amoren kennt und mit
Olivens Ölen salbt.
Doch bald erlischt
Longinens Reich
und Naturenszins.
Liliensblütenspracht zeigt
Gottes Macht
und Amorens Nacht,
der Braut Adelsnacht
mit Liebespracht.

Manuela Angelika Rapino

„Die süßen Kartoffeln der Göttin Rapino"

Er traf eine Hündin
in einer Gasse und
sang ein Wecklied
der unbekannten Frau.
Am Ende der Tage
wollte er dann nur
noch so wiederkehren
und werben der Werke
dieser Frau.
Dem Heim sei es so Dank
und der Götter reinste
Speise so dann:
1 Tüte Kartoffelchips
Steviapulver
einige Teelöffel Kakaopulver
(alles schütteln)

Manuela Angelika Rapino

„Die Lorbeersuppe der Göttin Rapino"

Die Taufsuppe
wurde ihr göttlich
gereicht,
und in ihrer
Geburtsstunde wurde
ihr damit ein
wohlgeformter Leib
verliehen.

137

Manuela Angelika Rapino

Kleine Vögel

Ich fragte den Narren,
nach den edlen Waldgöttern
und dem Fäßlein weißen Wein;
und ein hinterhältiger
Schwätzer sprach von
Vögeln:
350g Mehl
0,2l weißer Wein
0,1l reines Olivenöl
Prise Salz
(zu einem Teig kneten,
stückchenweise rollen,
in kleine Stücke schneiden
dann mit dem Zeigefinger
formen, auf ein Blech
mit Oregano und Lorbeerblättern
verteilen)

Manuela Angelika Rapino

2. Aufzug, 11. Akt

Auszug aus der Oper „La Dea Rapino, eine Oper für Tenor"

Ach, er war es, hat sich mir gegeben in dem Spiele.
Hat sein Leben mir gepriesen,
so dass Andacht bald in seinem Herzen quoll.
Hat geschluchzet und geweinet,
Auch des Nachts nach mir geschrien,
Und im starren Bande zwängten sich
die Liebeslieder mir so dann.
Auch im Fliehen suchte er sodann Frohlocken
Mich dabei verlangend für sein Küssen,
So dass Paradieses Tor mir offen stand.
Welch unendliches Verzücken mich zu fassen da begann.
Endlich aber nahm er meine Locken,
Die er suchte in dem Spiele,
Und so dann blieb gepriesen in der Liebe,
Wem die Gnade gab der Heiland.

Manuela Angelika Rapino

Karl Neef & Co.,
Eier- und Lebensmittelgroßhandlung
in Stuttgart beim Rathaus

Die Lorbeersuppe
seines Rothschildeis ,
reichte der Kaufmann
seinen ungebetenen Gästen
im Rosenthalteller mit
silbernem Löffel.
Seiner Sekretärin hinterließ
er nur noch eine braunäugige
Puppe, für das Stockwerkeigentum
der Stadt Stuttgart:
2 Eier,
1 Prise Salz,
etwas Muskat
2 Eßlöffel Mehl,
1 Packung Backpulver,
50g geriebener Käse,
1l vegetarische Brühe,
ein Bund Schnittlauch
(Zutaten für den Eierstich:
Eiweiß steifschlagen,
Mehl, Salz, Muskat,
Backpulver und den
geriebenen Käse mischen
und unter den Eisschnee ziehen;
den Teig auf ein Backblech und
Backpapier dick aufstreichen
und bei 200 Grad 10 min
goldgelb backen; den Eierstich
in kleine Würfel schneiden und
der vegetarischen Brühe
hinzufügen, dazu fein gehackten
Schnittlauch reichen)

Sandra Rapp

Hexenjagd

Von Unrecht getroffen,
was bleibt zu hoffen?

Wenn die Seele verletzt,
wenn das Leben zerfetzt,
nicht zur Ruhe findet
sich vor Wut
in Schmerzen windet.

Das Gesicht der üblen Tat,
die Hand, die dies gewagt,
will man packen, will man fassen,
will man nie mehr von sich lassen.

Getrieben von der Gier.
Getrieben von der Sucht.
In Wahrheit eine Flucht?

Dämonen im Herzen geboren,
auf das Hassen eingeschworen,
weit mehr als dort wirklich plagt.
So beginnt die Hexenjagd.

Lilly W.

Der Kraft letzter Funke

Alles zerbrochen,
nichts wie es scheint.
Müde die Knochen,
die Augen verweint.
Die Kraft geht zu Ende,
ernüchtert der Blick.
Zitternd die Hände,
schweifen die Gedanken zurück.
Zu Träumen und Hoffnung,
zu Wunsch und zu Ziel.
Zu der Kraft Ursprung,
übrig ist nichts ... nicht mehr viel.
Einmal noch kämpfen,
wieder aufsteh'n und geh'n.
Die Verzweiflung eindämpfen,
einmal noch hoffen ... besteh'n.

Ramona Ina Buggenhagen

Die verrückte Maus

Ein Drache wollt auf Reisen gehen
und sich die ganze Welt ansehen.
Natürlich wollt er Mut beweisen
und deshalb auch alleine reisen.
Seine Sachen packt er fein,
in den Reisekoffer ein.
So gerne in die Sonne fliegen,
am weißen Strand in der Sonne liegen.
Da kam, oh welch ein Graus,
eine kleine freche Maus.
Die öffnete den Koffer
und packte die Sachen wieder aus.
Der Drache denkt: „Was ist denn das?
Da versteh ich keinen Spaß!"
Er will die Maus sich schnappen.
Sie geht Ihm durch die Lappen.
Sie schleicht sich in ihr Mäusehaus
und kommt so schnell nicht wieder raus.
Der Drache war nun voll von Frust.
Aufs Reisen hatte er nun keine Lust.
Es ist doch zum Verzagen.
Der Maus geht's an den Kragen.
Der Drache springt vors Mäusehaus:
„Da kommst Du nicht mehr lebend raus!"
Doch die kleine, schlaue Maus,
kriecht aus dem Mäusehaus hinten heraus.
Und die Moral von der Geschicht':
Unterschätzt mal kleine Mäuse nicht.

Attila Bardosi

Abschied

Mein Leben war nur diese:
Nur der Hauch einer Brise,
Für einen Sturm zu wenig,
Ein Traum, der dauert ewig.

Ich bin, der ich immer bin,
Und werde, was ich immer ward;
Für mich gab es nur einen Sinn
Solange ich lebte, und als ich starb:

Im Klang in den Worten,
Die ich flüster' zu deinen Ohren,
Weiter atmet meine Seele,
Und die Melodie, die ich lebte,
Ewig hallt in der Stille.

Attila Bardosi

Die letzten Kerben

Ist dein Leben wohl
heute sorgenfrei?
Wie ein gepelltes,
hartgekochtes Ei,

von außen schützt
nur dünne Haut,
weißes Fleisch, langsam
vor sich hin fault.

Verborgen schläft
tief in deiner Mitte
dein wahres Gesicht,
Hass, manchmal Liebe.

144

Ich habe an dich
nur eine Bitte!

Riech' mich, wenn die Zeit
in die Pfanne schlägt!
Das Gelbe vielleicht
neues Leben trägt.

Falls deiner Nase
Wohlriechendes fehlt,
und unsere Welt
sich nach innen kehrt,

lass mich in meinem
Nest weiter ruhen!
Vielleicht hab' ich noch
Zeit in den Uhren,

dass in den letzten
zwei-drei Sekunden
finden kann, was wir
zusammen suchten.

Finden, den Anfang
in jedem Ende,
und nicht wir waren
die letzte Kerbe

am hölzernen Stiel
der unsichtbaren,
ewigen Sense.

Sergio Leone

Mythologie

Zu spät dringlichst giftig
Heil den Schmerz in der Unterwelt genieße
den Blick auf Terrassengärten
wo Blumen verwelken der Sache entsperren
Geist im Sog das Leben im Leid erzogen
bekümmert Tod entsag Schweig Sag
die Sage wo ein Leben stark den Hügel besteigt
vor dem Ziel wieder abfällt von vorne das Spiel
immer wieder unten den Hügel immer vor im Visier
im Ziel das Spiel rien ne va plus also
erklimm ich mein Ziel weit oben nicht bedacht
kaum versehen den Boden ersehen den
Wunsch nicht mehr sein genug der Weisheiten verspeist
nun komm herbei morgen über Nacht am Boden zerstört
um morgen hinauf zum Hügel um eigentlich ohne Sinn
im Leben zu sei. Stark das Schicksal hat begonnen
seit Tagen deiner Geburt so sieht es die Unterwelt vor
weil die Seele stark um Gott weint wann
das Ende im Sicht Mythologie ein Sinn
im Leben zu sein ohne Leid, denn es macht kein Schmerz
gewohnt seit Tag eins nur manchmal im Sinn
wo Satan gegen Gott spricht
mein Hiob ich kenne die Sage schon
mir bereitet die Welt nur Kummer und Sorgen
habe viel Spaß und schweige bis Himmelschwert
in Erden Flüsse bergen wenn es gibt nicht mehr unser Brot
werde ich zu dir Gott stehen, denn nur eins im Leben falsch
verstehen kein Verständnis nur Ruhm Ich Macht Ruin
das Leben im Pompeii und Rom
das nicht in ein Tag erbaut unterging
das Alte Testament glaubt im Neuen zu sehen die
Prophezeiung das der Heiland kommt
eines Tages und für Ordnung sorgt und
das jüngste Gericht die Lüge um
Brutus Cesar bricht, denn alle Wege führen nach Rom.
In sieben Hügeln erschaffen, und
Gott in sieben Tagen die Erde schuf

Sergio Leone

Sinnwillen

Der Dank im Beisein stark
Geistreich der Trick
Der Macht bei einen selbst
verbleibt, zerstört, liebt? Verzeiht! Und mir selbstlos den Weg
Zeigt!
Wie wirklich die Wirklichkeit versteht
Das Zerstören nur am Leibe gesehen
Im Innersten die Weihe entsteht!
Toben Schicksale vor Wut in Anker vor der Not!
Kennt die Sorge den Mut die Tugend bis zum Tod!
Besänftige meinen tollkühnige Mut
Die Eingebung des Wissens wie eine Flut
trage mich dahin fort an einen geheimen Ort
Ich genieße das Lebensgefühl der Geburt
die Bestimmung der Gabe
Am Anfang war das Wort.

Sergio Leone

Notstand

Leidensschicksal bemüht stärkt siegt mittlerweile in der Weile
Mutes Kampf zeitweise verspricht im Kampf Waffenstillstand
die Not die Zeit das der Morgen bis morgen verweilt in Ord-
nung zur Kenntnis wann der Gegenschlag wenn man rechnet
was hat der Hauptmann vor. Im Krieg nützt beschmutzt jeder
die Ehre sich doch nach den Krieg zu rechtfertigen wer hat den
Sieg entscheidet über Wahrheit Recht Gesetz. Vortragen der
Gefallenen und der Sinn den ich niemals finde den man spricht
nur über Soldaten gefallen im Krieg und die Zivilisten. Ja die sind
nun mal im Gefecht das Ziel oder wohnen dort, das können wir
nicht verhindern. Ist das die Grundsatzdiskussion übertragen der
nächsten Generation das Vorbild Leid für Mord. Verantwortung!

Sergio Leone

Wahrer Freund

Seelenstreich der Gunst der Macht missbraucht Seelenleid.
Schwert dürstet den Geist. Verwehrt ihn Haus und Brot. Denn
nur Tod streift erst das Pferd. Wenn erst gefallen werd ich ruhn.
Denn er sah mich als Freund. Doch ich kenne nur Ruhm. Mein
Feind soll jetzt ruhn. Verwerflichkeit in Rom. Überbleibsel der
Tod um den Ruhm.
Was bleibt Vernunft. Denn der Geist scheidet Jupiter vom Mond.
Allein? Jetzt trifft dich als dein Freund. Der Feind.

Sergio Leone

Wozu

Tief innererwartet immer
hoch im Glückshimmel gespielt
für Liebe, das umsonst tief der
Gestalt gewechselt den Sinn.
Die Zukunft anders definiert als Gott.
Der Zweck im Instrument spielt.
Keiner versteht Musik.
Bleibt allein im Sinn erkannt.
Unverhofft ich verweile die Zeilen
bemüht, gewidmet dem
Sinn, wie schön das Leben
sei
Das Leben schön. Im Geist
nährt, trinkt Güte
Wohlwollen sein.

148

Sergio Leone

wir(r) sein

Im Geist Flügel Schein nicht
notgedrungen der Drang
Erleuchtung Sein.
Hilfe der Gebote Bleibhaftigkeit.
Am Anfang war das Wort.
In dir glaube ich.
Lege Vertrauen im Fels der
Güte Barmherzigkeit

Sergio Leone

wir sind

Bleib da wo ein Herz dich rühmt
ein Rat dich hält
dich wärmt und
dich ruft
denn Umsonst liebt, lebt nicht
Der Mensch
Die Liebe
ist die Lebenserfahrung in
einem Selbst

Sergio Leone

Sinngedanke

Im Sinn verliebt
für dich kämpfen
siegen mutig sprechen die Worte wie
du bist mir erfüllt mein Leben
ganz für dich zu sein
zu sterben, zu lieben im Sein
in mir erfüllst du die Liebe die
ich für dich habe, weil ich sehe
dich, wie du bist, wie du denkst und
fühlst, zu mir stehst, die
Zweisamkeit wir zusammen du
mit mir erlebst und für immer
mein Herz für dich schlägt
im Gedanken an dich, das
es dich gibt, mich freut
mein Herz, mein Schmerz
für dich, ich liebe dich
mein Herz, mein Schmerz
für dich in der Nacht im
Traum vor Sehnsucht die Arme um dich
gelegt, mein Herz für dich immer schlägt!
die Nacht erbebt, im Traum, dich bald
wiederzusehen, der Tag erwacht
die Freude bald dich zu sehen
dich dann zu sehen, mich bewegt
voller Sehnsucht, meine Augen haben die
Arme um dich gelegt!
Mein Herz immer für dich schlägt!

Sergio Leone

Nirwana

Erlebt Erinnerungen passieren revue
Leidesglück weht hoffnungslos hingegend
frei eigen nährend trinkend geist los spürend
findend Trost ewig folgend Seele bricht
Vertrauen Glaube nie nicht Licht

Sergio Leone

social homeless

Der Trost der Geist verwährt bekommt
erklärt in Not! Passiert! Geh fort!
Dämon der Not! Das Seelenleben wieder
geboren war Tod! Leben Schenken Sinn Liebe
geben heisst Verständnis das Vergeben.
Ein Engel erklärend schenkt Liebe umsonst
einen Obdachlosen in Not!
Wenn der Heiland kommt
das Leid fort!

Sergio Leone

Segenskraft

In der Not das Los geboren zu lieben, zu leben
oder im Sumpf der Gedanken gestorben
das die Zeit Wunden heilt
die schwere Zeit weilt ... und weilt ...
wie der morgen den Tag erstrickt, nachts neuer Mut.
Morgen ein neuer Tag. Erwacht, ja dem Leid den Sinn
vermacht.
Daher ertragbar der Tag,
bis der neue mit Hoffnung
erwacht
der Mut sich ballt zu neuer Lebenslust, das Leben
ein Auf und Ab

Sergio Leone

Wir zwei

Der Gedanke umarmt die Sorge wie
Es dir geht?
Im Herzen sich umarmen!
Springen trieblich die Sinne wie
Äste empor!
Welch ein Glück die Zukunft
Bringt!
Der Geist im Sein geeint
Der Trost im Leid geheilt
In der Zweisamkeit
Der Gedanke verspürt in
Der Einsamkeit wie
Wertvoll und Bedeutsam du
Für mich bist!
Im Strahlen deiner Augen an dich
Gedacht!
Was für eine wunderbare Frau hat mir Gott
Vermacht!
Ich gebe auf dich Acht!
Und vereint unsere Liebe
Ich bin deins, im Geist, im Trost und
Im Leid!
Das Glück mit dir zusammen zu sein.

Sergio Leone

Der Gedanke an dich

Der Gedanke an dich
Das Licht der Sonnenaufgang
Schon nachts gekommen
Im Gedanken an dich
Gerührt und lächelnd
So schön, das es dich gibt
Du bist mein Sonnenschein
Zu schön der Augenblick
Nachts nicht vergeht
Vielleicht das Gefühl
So schön, das es mich in den Schlaf wiegt
Und ich morgen mit dem Gedanken
Erwache, dass ich dich bald sehe
Meine Augen erfüllt werden von deinem
Wesen, deiner Schönheit und erfreut
Die Sehnsucht, in mir nach dir,
Die Nacht erfüllt mit Kerzen der Lichter
Deiner Gabe, wie du auf mich wirkst
Wie eine Nachtigall, die mich
Begleitet im Gedanken die Nacht
Erbebt dich bald wiederzusehen
Im Strahlen deiner Augen an dich
Gedacht der Gedanke verspürt
Wie wertvoll bedeutsam du für
Mich bist, den Sinn im Leben durch
Dich gefunden!

Sergio Leone

Immer

Immer währende Gedanken
Der wahren Liebe, so
Ehrlich und aufrichtig
Bleibend im Herzen
Ewiglich fühlend
Für dich
Entstand, beim ersten
Blick, die Liebe
Für dich
Immer lebt
Im Herzen graviert
Ich liebe dich! Steht

Sergio Leone

Geborgenheit

Mein Herz Dein Schmusezimmer
Voller Rosenblätter schimmern
Im Mondelicht nachts
Mein Herz dich sehnsüchtig
vermisst zu kuscheln
Dich küsst

Sergio Leone

Deine Augen

Im Licht im Schein
Des Morgens vermisst
Im Traum noch zusammen erwacht
Mit Freuden des Glücks
Im Traum versöhnt
Unsere Liebe
Das Gefühl im Traum war wahr
Ich träume nicht
Bin erwacht
Das Gefühl ist immer noch da
Sind Träume so reell
Weil die Liebe niemals stirbt
Was man fühlt im Traum so
Verliebt ist in deinen Augen
Der Gedanke an dich erwacht!
Dich sucht!
Wo bist du?
Ich vermisse dich!
Ich liebe dich!

Sergio Leone

Geistesliebe

Sternenhimmel sag
Ich drücke umarm dich
Im Gedanken immer
Wie schön ist doch die Nacht
das ich dich umarm?!
An wen denkst du?
Das die Nacht erstrahlt im Licht?
Der Gedanke! denke an dich!
Bald der Morgen das Lächeln
im Traum erwacht!
Dich sehe!
das Herz erwacht!

Sergio Leone

Seelenkraft

Seelenkraft im Morgen
Des Lebens erwacht
Dir geht es schlecht
Durchgestanden die Nacht
Um dich zu sehen
Das Herzleid das Vermögen
Die Charakterseele des Geistes
Kraft Gottes dabei um
Dich sorgt der Geist für dich
Die Liebe im Leid
Gottes Ehrfurcht gleicht
Ehrgefühl mit dir
Zusammen zu sein
Mein Gedanke bei dir
Bleibt!

Sergio Leone

Flügellicht des Engels

Herzensliebe der Nacht
Beschützt Sergio deinen Schlaf
In der Dunkelheit für dich
Immer wach
Erst mit dem ersten Licht der
Nacht fliegt Sergio fort,
Wenn der Morgen
Erwacht

Sergio Leone

Das Leben mit dir

Das Leben mit dir entflammt in mir
Den Wunschgedanken
Den Glauben in uns der
Herzensliebe verschworen verliebt
Auf dich hofft das Vertrauen
Der uns blind verbindet
Die Zeit
In Ewigkeit in Zukunft eint
Den Verstand, die Vernunft unser
Herz vereint
Die Zukunft endlos scheint
Im Leben zusammen
das Leid in uns heilt
Das Glück entsteht
Die Liebe zu lieben
Das Leben in Ewig glücklich verliebt
Dir mein Herz zu geben
In ewig dein

(Die Gedichte sind meiner Frau Kristin Schul gewidmet, mit der ich einen geliebten Menschen verloren habe.)

Giovanna Leinung

Die Gestalt des Schattens

Oft denkt man ganz unverhofft, ob gepeinigt oder nicht,
dass die Welt ein Schauspiel ist, sei es Schatten oder Licht.
Die Stimm' der Seele lässt man frei, wenn es jedoch passen mag,
eine Lüge kann verändern, jede Nacht und jeden Tag.
Eine Wahrheit kann nur treiben, zu der Tat am rechten Ort,
wenn man sich doch weigern mag, schwindet alle Hoffnung fort.
Von der Macht, die man doch wählt, nur belogen und benutzt,
Massenlügen, Ansichten dienten nicht zu unserm Schutz,
nur geboren um zu fesseln, um die Massen still zu halten,
um *Verständnis* aufzubringen, um den Krieg still zu verwalten!
Eine Lüge, die verreckt, die das Schöne nur verschmäht,
um Schatten einer Welt zu formen, damit man sich dann selbst verhehlt.
Weil's ihn hätte ausgezeichnet, wird begraben sein Geschick,
weil Denken ihn hätte lenken lassen, denn Zeit ist nur ein Augenblick.
Der Einzelne, *ein kleines Licht* wird kontrolliert mit Macht und Hohn,
um alle dann wie Vieh prägen und schiebt sie dann in Denkschablon'.
Schatten nehmen Formen an, in des Tages Dunkelheit,
täuschen Glück und Normen vor, erzeugen frohe Einsamkeit.
Ein unsichtbarer Deckmantel schwebt über alle Köpfe, dann
holt er lichte Fäden raus und überprüft was jeder kann.
Unerkannt und ganz verkannt, sind zweierlei und hier doch eins,
man hält den Frieden nur nach außen, für des Volkes dummen Scheins.

Drum denke nach und lerne gut, mit viel Geschick und dei'm Verstand,
des Geldes Sekte wird mal sterben, wo willst du dann stehen am Rand?

Marita Wilma Lasch

Meine Küchenmaus

Mäuslein hast mich angeschaut
und dabei ein Stück meines Herzens geklaut.
Die Angst mancher Geschlechtsgenossin ich ohnehin nicht teile:
bei Ansicht einer Maus ich nicht schreiend auf 'nen Stuhl eile.
Nicht zum ersten Mal huschtest du hin und her auf dem Fensterbrett.
Kleines Wesen, ich finde dich ausgesprochen nett.
Ich hatte nur etwas Bedenken, weil man ja sagt,
wenn eine von euch da ist, bald ein Dutzend plagt.
Und dann entstanden einige Fragen,
auf die niemand konnte mir die Antwort sagen.
Zum Beispiel: von was ernährst du dich denn, kleine zarte Maus?
Leckst du die Töpfe von meinen Hunden und meiner Katze aus?
Apropos Katze: warum hat sie dich noch nicht entdeckt?
Du hast dich wohl zu gut versteckt!
Deine Köttelchen ich in den Schränken finde.
Ach – wie sag ich's meinem Kinde?
Letzteres ist übrigens meine alte Mutter,
die immer schimpft, wenn's Kätzchen leckt an der Butter.
Du bist vielleicht einfach nicht fett genug,
so dass das Kätzchen würde treiben mit dir Unfug.
Und eigentlich will ich das ja gar nicht
(siehe das obige Gedicht).
Mäuslein hast mich angeschaut
Und dabei ein Stück meines Herzens geklaut.

Marita Wilma Lasch

Die vernachlässigte Weihnachtskugel

Fast alles ich verdichtet fand
aus dem Weihnachtswunderland:
Natürlich die Krippe, auch Schafe und Hirten,
Mütter, die Familien mit Plätzchen bewirten.
Ich fand Reime von der Weihnachtsmaus,
die lebt im schneebedeckten Heim samt Nikolaus.
Vom Weihnachtsbaum und frierenden Tannen
Dichter bewegende Verse ersannen.
Die Dichter singen von süßen Glocken
und Engeln mit Harfen und wallenden Locken.
Am häufigsten sind es Sterne und Kerzen,
die uns Weihnachtssehnsüchtigen gehen zu Herzen.

Ich suchte und las während erquicklicher Stunden –
aber von der Weihnachtskugel habe ich nichts gefunden.
Dies kleine gläserne, mit Silber hergestellte Meisterstück
Trägt heutzutage wenig bei zum Kinderglück;
auch ist es nur bedingt Symbol –
Nicht mehr als eine geometrische Form ist sie wohl.
Es gibt Kugelzellenanämie, Kugelvase, Kugelblume und Kugelfisch:
so belehrt das Lexikon auf dem adventlichen Tisch.

Ist die Weihnachtskugel dem Betrachter nur ästhetische Dekoration,
hat nichts zu tun mit der Geburt von Gottes Sohn?
Vielleicht erscheint es manchem zu konstruiert:
aber auch die Heiligen drei Könige haben sich nicht geniert
zu bringen Weihrauch, Myrrhe und Gold
nach Bethlehem zum „Kindelein hold".
Was jeder hat, um Schönheit und Freude Raum zu geben
In diesem nicht immer lustigen Leben,
ist geeignet, zum Geburtsfest getragen zu werden
zu dem, der bringen will Frieden auf Erden.
Die Weihnachtskugel, diese schöne runde Sache
Euer Weihnachtsfest zu einer besinnlichen Stunde mache!

Marita Wilma Lasch

Arbeitsbericht der Freien Mitarbeiterin einer Tageszeitung oder die Schützenproklamation

Wie dokumentiere ich die Samstagabend - Proklamation mit meiner Schrift?
Rechtzeitig bin ich da; musste vom Festwirt leihen einen Stift!
Zum ersten Mal seit fünf Jahren hatte ich keinen Kugelschreiber dabei;
jeweilige Kontrolle vor dem Verlassen der Wohnung mir Lehre daraus sei!
Ein Bild zu schießen war's dann Zeit.
Die neuen Würdenträger sitzen auf Stühlen aufgereiht.
Aber: meine kleine Kamera packte den fehlenden Lichteinfall schlecht,
deswegen war es mir wirklich recht,
dass ein freundlicher, großer, jüngerer Mann
das Senden einiger seiner Bilder mir anbieten kann.
Ich drücke ihm meine Visitenkarte in die Hand
und wusste später, dass Dr. ing. M. das alles in Ordnung fand.
Zufrieden verlass' ich das Erlebnis Proklamation,
formuliere im Kopf den Artikel schon.
Sonntags um halb zehn fange ich zu schreiben an,
damit mein Sou-Chef, heute Diensthabender, disponieren kann.
Allerdings will ich schicken erst
vom Klassentreffen den Bericht auf die Reise,
weil ich bearbeite die Aufträge chronologischerweise.
Wie immer drücke ich die Option „Senden" –
oh Riesenschreck: das ganze Outlook-Programm tat verenden!
Ich kann nichts mehr schicken und nichts erhalten –
es gab fast 'ne Panik bei der Alten!
Ich versuchte, über Outlook express an die Daten zu kommen,
die über einstündige Überprüfung der Systeme
hat die Gelassenheit genommen.
Ich will den Lokalredakteur anrufen, erreiche nur Chefin, Frau Schief,
erkläre ihr mein Dilemma, wie alles lief.
Durch einen erneuten Anruf will sie erfahren ob's klappt irgendwie.
Ich rotiere wie fast bei der PC – Arbeit noch nie.
Nichts zu machen – ich teile ihr telefonisch mit
– meine grauen Zellen sind ja noch einigermaßen fit –,

dass zwei Möglichkeiten bestehen:
a) ich lese die Texte vor zum Mitschreiben
oder bringe b) die Ausdrucke in die Redaktion zum Einverleiben.
Aber Scannen ist dort nicht vorgesehen.
Deswegen löst die Chefin auf andere Weise das Geschehen:
Sie will den Lokalredakteur beim Jubiläum des Sportvereins erreichen
und zum Abholen der Berichte erweichen.
Der junge Mann ruft mich an, wir vereinbaren sein Kommen.
E i n Stein ist mir vom Herzen genommen.
Wegen des Bildes versuche ich, Verantwortliche zu erreichen.
Erst beim dritten Anruf stellt deren Mutter die Weichen.
Bernd, der Vorsitzende des Schützenvereins, nicht im Telefonbuch steht
und André, der Ortsbürgermeister nicht an Telefon und Handy geht.
Ich beglückwünsche die Mutter zu ihren Söhnen,
Ansonsten taten wir noch ein wenig klönen.
Der Bürgermeister ruft mich alsdann zurück.
Er erkennt nach meiner Beschreibung Dr. ing. M., den Fotograf
und will ihn umgehend verständigen brav.
Das freut die Freie Mitarbeiterin sehr.
Bei Funktionieren sollte es geben keine Nachricht mehr.
Erst danach fällt mir ein,
dass die Übermittlung zu mir ja nicht klappen kann
und ich rufe nach vergeblichem Handy –
Versuch nochmals bei der Mutter an.
Die Email-Adresse der Redaktion ich der Ungeübten mühsam diktiere.
Immer noch die Contenance ich nicht verliere!
Die Chefin wird nun von mir informiert,
dass auch die Bild-Übermittlung wohl jetzt funktioniert.
Dann ist's für einen Hundespaziergang mit meinem Sheltie Micky Zeit.
Nach der Rückkehr ist die T-Box zu einem Nummernausspucken bereit.
Der Rückruf bei Dr. ing. M. ergibt, dass er geschickt hat zwei Bilder.
Na – das ist ja ein guter Ausgang, ein milder.
Verabredungsgemäß rufe ich nochmals bei der Mutter an,
dass ich mich bei ihr für die dreimalige Vermittlung bedanken kann.
16.15 zeigt jetzt die Uhr –
wo bleiben all die Stunden nur?
Lustig ist es nach dem Zeitaufwand
und über zehn Telefonaten noch gewesen,
als ich am Montag die Zeitung gelesen:

Meine 30 Zeilen wurden aus Platzmangel auf 15 gekürzt.
So ist die story mit v i e r Euro gewürzt!
(Aber, damit dies nicht tat allzu weh.
gab es später von der Redaktion einen kleinen Dreh).
Am Montagmorgen habe ich gleich für den Abend
einen PC- Experten bestellt.
Der will für den Hausbesuch wieder viel Geld.

Wenn Sie haben bis hierher gelesen,
wissen Sie auch, wie mein Wochenende ist gewesen!
Aber Leute – nur Mut, nur Mut!
Es wird ja alles wieder gut!

Marita Wilma Lasch

Karfreitag und was danach kommt
– Ballade einer zweifelnden Christin –

Eine gewisse Erklärung meiner kindlichen Tränen
will ich an dieser Stelle als erstes erwähnen.
Ohne äußeren Einfluss saß ich als Achtjährige voller Trauer
vor dem Radio, bauend eine seelenvolle Mauer:
Ja – Jesus von Nazareth hat erbärmlich gelitten –
das war und ist für mich unumstritten.
Aber das wassertreibende Mitfühlen ist schon lange her,
zunehmend fiel mir der gelehrte Glaube an Christus schwer.
Und heute ich nicht mehr glauben kann,
dass überhaupt damals starb der Schmerzensmann
wie es geschrieben im Buch und geglaubt von den Alten.
Denn der Sohn Gottes hing nicht lange genug am Balken.
Joseph von Arimathäa holte ihn, ohnmächtig, in seine Grabstätte,
auf dass die Kunst der Essener Ärzteschaft ihm das Leben rette.
Zwei Engel haben Maria und Maria Magdalena dort gesehen –
Gestalten, weiß bekleidet wie die Essener, im Grabe stehen.
Durch die Bibel wissen wir noch mehr:
Der verschließende Fels war ver-rückt, das Felsengrab leer.
Natürlich musste der Halbtote in ein Versteck geholt werden,

164

um gesundet zurückzukehren zur Erden.
Nachdem geheilt waren seine schrecklichen Wunden,
haben ihn die Jünger lebendig gefunden.
Der ungläubige Thomas die Wundmale so berühren konnte
und sich im Wissen seiner Auferstehung sonnte.
Dann soll in den Himmel gefahren er sein?
Das bildeten die Jünger sich, ihren Glauben selbst stärkend, ein.
Sie sahen wohl eine Wolkenformation,
die viele in anderen Arten (Engel, Herzen…) erblickten schon.
An Pfingsten flog dann herab eine Taube.
An das Symbol für den Heiligen Geist und Frieden ich glaube.
Die Verbreitung der Geschichten ist Paulus zu verdanken.
Woher aber kommt mein Schwanken?
Die Version, die ich gewählt,
hat – für mich – viel mehr zu tun mit verstandesmäßiger Realität.
Keine Mehrheitsentscheidung beweist, wie es wirklich war.
Hat er in Frankreich mit Maria Magdalena weiter gelebt sogar?
Damit man mich nicht falsch verstehe:
In seiner Rettung vom Kreuz ich ein Wunder sehe.
Wir Menschen sind alle des Schöpfers Kinder
und dabei selten des Paradieses Finder.
Der Vater lässt uns von ihm Getrennte mehr oder weniger alle leiden,
dies durchzustehen ist nicht zu vermeiden.
Christus ist für mich ein begnadeter Mensch mit viel Kraft,
der die schwere Bejahung des Leidens hat geschafft.
Sein Leben und Sterben für uns Vorbild sein sollte.
Ich bin überzeugt, dass Gott es so wollte.

Ada Aria Rückschloß

Gold der Stunde

sah dir der Boden
        weit zurück gedecktes Laub
entgegen
dem Grund
gerückte Stunde meiner Zeit

weiter
als ein immer weiter
sei dein
: der Boden
    weites Laub
    und ein nasses Trauern dir
: der Boden
    zurück gedecktes Laub -
weit gegen den
Grund:

Kommt und
wachtet
eurer Zeit
ihr Toten
als ein weiter
und immer
weiter
Weinen

Kommt und
fallet aus und
als ein immer weiter Tal
sei dein
: das Gold der Stunde:
stete Zeit
weit und weinend über den Gründen

Ada Aria Rückschloß

goldne Stunden
reifen den Baum

sie warten
den Dank
        der Wurzeln
kommt an den Frühen voraus

        goldne Stunden
                am Baum
        sie reifen das Jahr
                über
            früher und voller
        steigt ihnen das Licht
                in der Stunde
                reifen Baum

Was weiß der Himmel schon von seinem Gott
und was der Tod vom Leben

Wie auf die Gräber steigt
    von weißem Rauch
ein kühler neuer Tag.
    Und Du,
        weißes Licht
wie weiser gegen Himmel
        fällst.

Vor Deinen Toten schweigt die Zeit. Sie fragen:
    „Was weiß der Himmel schon von seinem Gott
    und was der Tod vom Leben
    Die Stille wars, die das Wort erschuf
    Du, stilles Wort, stiller nach der Zeit.
        Was weiß der Himmel schon von seinem Gott

Ada Aria Rückschloß

Wie
    wer das Reden nimmt
    um Danke nachzufragen
der
    geht das Jahr
    ins Endlose wohl voraus

        Häuser fangen die Nacht
        der Herbst geht in die Frage
        „wieder geht das Licht aus euch aus"

Wie
    wer das Reden nimmt
    um Danke nachzufragen
so?

Hier ist der Herbst
wieder

Ada Aria Rückschloß

Ich weiß, wo die Ratten wohnen.
Sie fragten mich danach. Wo die Ratten wohnen, fragten sie.
„In meinem ersten Satz", sage ich und da gingen sie suchen.

„Ich weiß, wo die Ratten wohnen", sage ich.
In der Nacht wohnen sie.
Und am Tage.
Hinter dem Fluss vielleicht.

Wo die Ratten wohnen -
Sie hörten es nicht.
Sie gehen im Suchen.
Sie gehen im Satz.
Wo die Ratten wohnen, fragen sie.
„Da", sage ich.
Und im Suchen.

Ada Aria Rückschloß

Im Vorfach
der Stadt
verläutet
dein Schrei
mich hinter
trüben Fenstern
kauern
schüttern
vor-ahnbare
Fächer
einer Stadt

Man hängt dich
im Verlieren
und dunkel
ahnbar
vor-laut
treibt mich leise
diese Gasse
hinten über
Fenster
eines Seins

Man hat verloren.
Man hängt
noch kurz
kürzer
denn das Spiel
öffnet sich
und schreiend bricht
verstürzt das Fenster
im Vorfach
einer Stadt

Ada Aria Rückschloß

Entdeckung

leises plötzlich
im Spiegel.

Ich sehe, dass ich war.

                        leises plötzlich daneben

    leises plötzlich
    im Spiegel:
        Du wirst...

               Es war

    leises plötzlich

          daneben

     keine Entdeckung

Ada Aria Rückschloß

ernster Himmel
     am Stern
der

nichts ist
als ein
Rand

Morgen schon
warnt das Wetter
vor
     dem
es ist der Stern

Morgen
        himmel
am Stern
der

Inhalt

179

181

Autorinnen und Autoren stellen vor:

Marko Ferst, Andreas Erdmann, Monika Jarju u.v.a: Die Ostroute. Erzählungen, 256 Seiten, Edition Zeitsprung, Berlin 2014,16,90 €

Marko Ferst: Umstellt. Sich umstellen. Politische, ökologische und spirituelle Gedichte, 160 Seiten, Engelsdorfer Verlag, Berlin 2005, 11,20 €

Marko Ferst: Täuschungsmanöver Atomausstieg? Über die GAU-Gefahr, Terrorrisiken und die Endlagerung, 136 Seiten, Edition Zeitsprung, Berlin 2007, 9,95 €

Marko Ferst, Franz Alt, Rudolf Bahro: Wege zur ökologischen Zeitenwende. Reformalternativen und Visionen für ein zukunftsfähiges Kultursystem, 340 Seiten, Edition Zeitsprung, Berlin 2002, 21,90 €

Marko Ferst, Rainer Funk, Burkhard Bierhoff u. a.; Erich Fromm als Vordenker. „Haben oder Sein" im Zeitalter der ökologischen Krise, 224 Seiten, Edition Zeitsprung, Berlin 2002, 15,90 €
Leseproben und Bestellung: www.umweltdebatte.de

Madelaine Kaufmann: Felix Esch. Ein gesellschaftskritischer Roman, 336 Seiten, Books on Demand, 14,99 €; E-Book: 9,99 €

Heiko M. Kosow u.v.a.: Ly-La-Lyrik Edition (2013), Frieling-Verlag, Berlin

Heiko M. Kosow u.v.a.: Welt der Poesie (2013), Frieling-Verlag, Berlin

Heiko M. Kosow u.v.a: Auslese zum Jahreswechsel 2013/2014, Frieling-Verlag, Berlin

Heiko M. Kosow u.v.a.: Querschnitte Frühjahr 2013, Band 1, Novum-Verlag, Neckenmarkt

Heiko M. Kosow u.v.a: Querschnitte Sommer 2013, Band 1, Novum-Verlag, Neckenmarkt

Heiko M. Kosow u.v.a.: Querschnitte Herbst 2013, Band 1, Novum-Verlag, Neckenmarkt

Heiko M. Kosow u.v.a.: Winter Märchen Haft, Band 1, Novum-Verlag, Neckenmarkt

Heiko M. Kosow u.v.a.: Lyrik und Prosa unserer Zeit – Neue Folge. Band 16, Karin Fischer-Verlag, Aachen

Heiko M. Kosow u.v.a.: Der Frühling nähert sich. Gedichte, Dorante Edition, Engelsdorfer Verlag, Leipzig

Heiko M. Kosow u.v.a.: Sommer im Norden. Gedichte, Dorante Edition, Engelsdorfer Verlag, Leipzig

Heiko M. Kosow u.v.a.: Frühjahr im Schnee. Gedichte, Dorante Edition, Engelsdorfer Verlag, Leipzig

Heiko M. Kosow u.v.a.: Gefundene Ruhe. Gedichte, Dorante Edition, Engelsdorfer Verlag, Leipzig

Heiko M. Kosow u.v.a.: Meere, Flüsse, Seen, Erzählungen und Gedichte:, Dorante Edition, Engelsdorfer Verlag, Leipzig

Heiko M. Kosow u.v.a.: Das Gedicht lebt (2013), R. G. Fischer-Verlag, Frankfurt

Heiko M. Kosow u.v.a.: Wo die Liebe hinfällt, EPLA-Verlag, Ganderkersee

Heiko M. Kosow u.v.a.: Weihnachtliches, EPLA-Verlag, Ganderkersee

Heiko M. Kosow u.v.a.: Lyrische Kopfgeburten, EPLA-Verlag, Ganderkersee

Heiko M. Kosow u.v.a.: Wolkenbilder, EPLA-Verlag, Ganderkersee

Anna Roth: Rosenduft der Liebe. 62 kostbare Poesien, 92 S., farb.+s/w Rosenabb., Verlag tredition, 2014, Paperback, ISBN 978-3-8495-7992-0, 9,99 €, e-Book, 8495-9689-7, 4,99 €, Hardcover, 8495-9685-9 16,49 €

Anna Roth: Rosenduft des Lebens. 70 wertvolle Poesien, 136 S., farb.+s/w Rosenabb., Verlag tredition, 2013, Paperback, ISBN 978-3-8495-5028-8 11,99 €, e-Book: 8495-7354-6 € 5,99 €, Hardcover, 8495-7309-6, 18,99 €

Anna Roth: I Have a Dream – Untertitel: Scent of Roses of Life. 50 wertvolle Poesien in englischer Sprache, 100 S., farb.+s/w Rosenabb., Verlag tredition, 2015, Paperback: ISBN 978-3-7323-1587-1 9,99 €, e-Book, 7323-1589-5, 5,99 €, Hardcover, 7323-1588-8, 16,99 €, Kontakt: www.anna-roth.com

Felix Esch. Ein gesellschaftskritischer Roman

Madelaine Kaufmann

2016, 336 Seiten, Books on Demand, 14,99 €; E-Book: 9,99€

Das Leben des Schriftstellers Felix Esch ist ein Leben fernab des üblichen Gesellschaftstreibens. Selbst wenn er in diese Gesellschaft eintritt, bewegt er sich stets auf der Ebene der Analytik und des Beobachtens. Sein einziger Vertrauter ist der misanthropische Lennox Bremer, der, anders als Felix, die Menschen weder befürwortet, noch ihnen zugesteht, Teil seiner Welt zu sein. Felix dagegen versucht, zwischen sich und der Außenwelt einen Weg zu finden, wobei ihm der Kontrast nur allzu deutlich wird, wenn er fähig ist, mit dem Tod und der personifizierten Hoffnung zu sprechen. „Zwischenweltlich" nennt er sich deshalb und kann somit niemals konkreter Teil der Menschwelt sein.

Andere Figuren des Romans sind Josef Meinau und Luise. Beide führen eine Existenz, die ihnen zuwider ist, aus der sie hinaus möchten, und beide finden Einzug in die Gesellschaft dieser Gesellschaftslosen namens Felix und Lennox. Eine besondere Rolle spielt Felix' Schwester Estella, die, dem Wahnsinn verfallen, seit Jahren in einer geschlossenen Psychiatrie lebt und für sich in der Welt weder einen Platz noch einen Sinn findet.

Der Roman ist nicht nur gesellschaftskritisch, er ist philosophisch und psychologisch, führt in die Innenwelt der Figuren, lässt das Außen nur als Nebenakteur erscheinen, der das Innere umso deutlicher hervorbringen muss.

Homepage: http://madelainekaufmann.jimdo.com

Nylons, Pumps und Ärmelschoner!

Die aufregenden Eskapaden des Ingo F.

Dieter Nell

Illustrationen:
Giedrë Avard

Nylons, Pumps
und Ärmelschoner!

Die aufregenden Eskapaden
des Ingo F.

Dieter Nell

Dorante Edition

Unser Protagonist Ingo Feldmann betreibt an der Seite seiner Lebensgefährtin einen ladenartigen Kiosk und bedient beherzt die karge Kundschaft. Leider bleibt ihm die Flucht in die Welt des Einzelhandels nicht lange vergönnt und ein finanzieller Engpass zwingt ihn schließlich wieder zurück in die Behaglichkeit seiner vertrauten Behörde – quasi in die stabile Seitenlage. Dort stellt er sich wacker der Häme des Zampanos, fabuliert über die Marter des technischen Fortschritts und die Anforderungen beruflicher Zwangsehen. Während eines Betriebsausfluges wächst er über sich selbst hinaus und demonstriert einer beharrlichen Verehrerin die hohe Kunst der Konspiration. Kurzum, er führt den Leser mitten hinein in eine einzigartige Erlebniswelt, von Eintönigkeit im beruflichen Alltag keine Spur. Wir werden Zeuge, wie sich unser Held in den Fallstricken der Weisungswege verheddert und beinahe stranguliert. Doch obwohl er mit stoischer Gelassenheit seiner kleinen Welt immer wieder die Kante zeigt, vernimmt das geschulte Ohr den Notruf aus dem Hamsterrad. Auf einer Dienstreise ins Schwäbische offenbart er uns schließlich seine tiefste, ja atemberaubende Erkenntnis: Er lokalisiert das El Dorado der erotischen Herausforderungen! Die Erzählung, die sich immer wieder der hessischen Mundart bemächtigt, begeistert mit ihrem subtilen, bisweilen drastischen Humor. Sie setzt die Erzählung „Bingo Ingo" aus dem Band „Ferngelenkt von zarter Hand" fort.

Leseproben, Inhaltsverzeichnis: www.literaturpodium.de

Aktuelle Bücher

Mio Mandel, Christine Zeides, Magnus Tautz, Manfred Burba u.v.a.
Sommerfrühstück. Erzählungen und Gedichte (436 Seiten)
Peter Frank, Hanna Fleiss, Manfred Burba, Peter Lechler u.v.a.
Abendsegel. Gedichte (304 Seiten)
Manfred Burba, Michael Starcke, Norbert Rheindorf u.v.a.
Vom Duft der Wüste. Gedichte (284 Seiten)
Peter Frank, Hans Sonntag, Manfred Burba, Heiko M. Kosow u.v.a.
Frühjahr im Schnee. Gedichte (308 Seiten)
Norbert Rheindorf, Hanna Fleiss, Günther Bach u.v.a.
Sommer im Norden. Gedichte (256 Seiten)
Peter Frank, Julia Romazanova, Hans-Jürgen Gundlach u.v.a.
Der bewaldete Tag. Gedichte (320 Seiten)
Angelica Seithe, Robby von der Espe, Martin Hartjen u.v.a.
Lichtglanz über Wasser. Gedichte (320 Seiten)
Günther Bach, Anke Ames, Manfred Burba u.v.a.
Winternebel. Gedichte (248 Seiten)
Hans Hässig, Hanna Fleiss, Werner Saemann u.v.a.
Träume den Frühling. Gedichte (228 Seiten)
Catherine Santur, Esther Redolfi, Peter Frank u.v.a.
Vom Mut der Anderen. Erzählungen, Gedichte und Essays über Menschenrechte (316 Seiten)
Esther Redolfi, Michaela Bindernagel, Catherine Santur
Die Regensammlerin. Erzählungen, Gedichte und Essays: Ökologie, Naturlandschaften und Zukunft (256 Seiten)
Lena Kelm
Manchmal dauert ein Weg ein Leben lang. Vom Gulag nach Berlin
(248 Seiten)
Anna B. Lippmann, Volker Teodorczyk, Francesco Mancino u.v.a.
Von raffinierten Kochkünsten. Erzählungen und Gedichte über erlesene Speisen (320 Seiten)
Heike Gewi, Ingrid Baumgart-Fütterer, Karsten Beuchert u.v.a.
Der Palast im Orient. Märchen, Fantasie- und Kindergeschichten
(364 Seiten)
Hannelore Furch, Peter Lechler, Thomas Schricker u.v.a.
Eine Hochzeit in der mongolischen Steppe. Reisen und Landschaften
(412 Seiten)
Karin Posth, Benjamin Frech, Klaus Kayser, Peter Frank u.v.a.
Meere, Flüsse, Seen. Erzählungen und Gedichte (415 Seiten)

Leseproben: www.literaturpodium.de Bestellung: wettbewerb@literaturpodium.de

Der Abend vor Silvester

Erzählungen und Gedichte

Beatrix Jacob, Lohr Koman,
Heiko M. Kosow, Werner Hetzschold u.v.a.

436 Seiten, 2015

Ein ungewöhnlicher Erbfall kommt in einer Kriminalgeschichte ans Tageslicht. Eine andere Erzählung speist sich aus einem Spaziergang in Paris, Heines Grab wird gefunden. Andernorts entfaltet sich eine Weihnachtsgeschichte. Ein Schatten flieht durch den Garten, die junge Katze bewegt sich wie ein Geist durch das Gedicht. Szenen einer gescheiterten Ehe zeigt eine andere Erzählung. Wie ein arbeitsloser junger Mann mit Alkoholproblemen zur profilierten Fachkraft wird, international gefragt, kann man überdies erfahren. Lichterwelten im Gasometer werden lyrisch inszeniert. Die Liebe in Zeiten der Ebola kommt zur Sprache. Der Band enthält Erzählungen und Gedichte.

Infos: www.literaturpodium.de

Republik der Falschspieler

Marko Ferst

172 Seiten, Gedichte, 11,60 €, Leseproben: www.umweltdebatte.de

Wohin driftet die Berliner Republik? Ein bißchen Gelddiktatur schadet doch niemandem? Die Gedichte in diesem Band bürsten unbequem gegen den Strich. Hartz IV und Ein-Euro-Job kommen auf den Prüfstand. Da wird nach sozialer Gerechtigkeit ebenso gefahndet wie nach ökologischer Balance. Sind wir als Zivilisation dem Untergang geweiht? Der Autor setzt sich auseinander mit den Folgen von Tschernobyl für die Menschen und thematisiert: Atomkraft ist unverantwortlich. Er führt uns nach Mittelasien und schreibt sich an die Tragödie um den verschwindenden Aralsee heran.

Wieviel unschuldige Opfer fordert der angebliche Kampf gegen den Terror? Was konnte die orange Revolution in der Ukraine leisten oder wieviel blaue Adern durchziehen sie? Unternommen wird ein Ausflug an die Wolga und nach Kasan. Einen umfangreichen Abschnitt mit Liebesgedichten findet man vor, überdies zahlreiche Landschaftsgedichte. Außerdem: was kann dem streßgeplagten Weihnachtsmann alles passieren? Eine Nachtwanderung führt in spukumwundenes Ferienland.

Bestellung: marko@ferst.de

Literaturpodium

Bei uns können Sie Gedichte, Erzählungen, Essays, wissenschaftliche Beiträge, Märchen, Fantasiegeschichten, Haiku, Aphorismen, Reisereportagen etc. in verschiedenen Buchprojekten veröffentlichen. Die Bücher werden gegenseitig mit Anzeigen beworben und im Internet präsentiert. Sie sind in vielen Ländern lieferbar. Auch eigene Gedichtbände, Romane etc. können publiziert werden.

Mehr Informationen unter:

www.literaturpodium.de

Sommerfrühstück

Erzählungen und Gedichte

Mio Mandel, Christine Zeides, Magnus Tautz, Manfred Burba, Robby von der Espe u.v.a.

436 Seiten, 2015

Abendsegel

Gedichte

Peter Frank, Hanna Fleiss, Manfred Burba, Peter Lechler u.v.a.

304 Seiten, 2014

Leseproben, Inhaltsverzeichnis: www.literaturpodium.de
Bestellung: wettbewerb@literaturpodium.de

Die Ostroute

Erzählungen

Andreas Erdmann, Marko Ferst, Monika Jarju u.v.a.

256 Seiten, 2014

Der Band beginnt und endet mit einer Erzählung über Wölfe. In der einen werden sie gnadenlos verfolgt, in der anderen sorgt ein Rudel weißer Tundrawölfe für arktische Jagdszenen. Andernorts kommt eine Ostroute ins Spiel. Wir erfahren mehr über das Schicksal eines jungen Rauschgiftkuriers im Iran, wie über seinen Lebensweg der Stoff der Stoffe richtet. Ein Ostseesturm sorgt für eine risikoreiche Segeltour. Von allerlei sonderbaren Abwegen weiß die Erzählung „Genervtes Anstehen für Liebe" aus Bulgarien zu berichten. Zur Sprache kommen die Erfahrungen von Heimkindern in der frühen Bundesrepublik. Grenzübertritte zwischen Ost und West und deren Folgen sind im Blick zweier anderer Beiträge. Wie man ganz legal schwarzfährt, erläutert Johannes Bettisch. Was passiert, wenn man ganz unerwartet von seinem chinesischen Firmenpartner zum Tanz aufgefordert wird?

Mit den besten Erzählungen, die zwischen 2006 und 2012 bei Literaturpodium eingereicht wurden

Leseprobe, Inhaltsverzeichnis, Rezension: www.literaturpodium.de

Wege zur ökologischen Zeitenwende

Reformalternativen und Visionen für ein zukunftsfähiges Kultursystem

Franz Alt, Rudolf Bahro, Marko Ferst

340 Seiten, Leseproben: www.umweltdebatte.de

Die ökologische Krise droht der menschlichen Zivilisation eine Richtstatt zu bereiten. Würden wir sämtliche Energie, die wir nicht einsparen können, über Solartechnik, Wasserkraft, Windkraft und aus Biomasse gewinnen, hätten wir schon ein gutes Stück Zukunft gesichert. Mit einer globalisierten Wettbewerbsökonomie, die auf permanentem Wachstum fußt und einen Pol auf Kosten des anderen Pols entwickelt, wird die Todesspirale nicht aufzuhalten sein. Gerechte gesellschaftliche Verhältnisse im globalen Maßstab sind nötig. Der erforderliche ökologisch-soziale Strukturwandel müßte umfassender sein als alle vorhergehenden Umwälzungen und Reformen in der Menschheitsgeschichte. Die eigentliche Chance für eine ökologische Rettungspolitik erwächst aus dem geistigen Lebensniveau der Gesellschaften. Jede Veränderung beginnt im Menschen, hat dort ihren Vorlauf. Wir brauchen ein ökologisches Kultursystem, das auf Herz und Geist gebaut ist.

Bestellung: marko@ferst.de
(neuwertige Remissionsexemplare für 19,90 € inkl. dt. Porto direkt beim Autor)